新装版

禅に聞け

澤木興道老師の言葉

櫛谷宗則 編

大法輪閣

坐禪

金沢・大乗寺での澤木興道老師　昭和37年11月

序

わたしは昭和十六年十二月八日（太平洋戦争勃発の日）に沢木興道老師のもとで出家し、四十年十二月二十一日に遷化《せんげ》されるまで丸二十四年間、同老師に随侍させていただきました。といっても沢木老師はつねに一所不住、各地を巡錫《じゅんしゃく》されていたわけですが、それでも一ト月のうち大体一週間は、わたしたち弟子のところにとどまられ、その間はじめのうちは五日間、のちには三日間接心をし、法益《ほうやく》をなされました。

その法益中、わたしは自分自身の修行の指針とするため、仏法として大切と思われる言葉を、ノートに書きとめておりました。そしていつの間にかそれが厖大な量となるにつれ、このまま私のノートのなかだけに埋れさせてしまうのも勿体ないと思うようになって、それで名古屋の妙元寺から出している『返照』という小誌に、「法益断片」と題して連載をはじめたのは、昭和三十年ごろからだったでしょうか。それが本書の内容をなす、本師沢木興道老師の言葉の数々です。

たまたま昭和三十八年春、教育新潮社が昭和仏教全書というシリーズ刊行を企画し、そのなかに

『沢木興道集』を出したいといってきたとき、本師はこの『返照』誌に連載した「法益断片」をもって、これに当てるようにといわれました。それでわたしは出版社とその約束をしたのでしたが、それから間もなく本師老師は足が弱り巡錫を断念されて、わたしたちの住む京都安泰寺に落着かれました。それで当然わたしは忙しくなり、四十年遷化以後はいよいよこの「法益断片」をまとめる暇もなくなってしまいました。それで同安居《あんご》の馬場泰俊さんに頼んで一応まとめてもらって、教育新潮社との約束をはたしました。

ところでこの同社刊行の『沢木興道集』は殆ど世に知られぬままに、そのまま絶版となって既に二十年の歳月が経ちました。近頃、沢木老師の名著『禅談』をはじめ『澤木興道全集』などを出して、本師と特に縁の深い大法輪閣が、これの復刊をしたいといってきました。わたしもそれを望んだのでしたが、何分わたしはすでに老齢で、この厖大な数の、断片的言葉を前にして、とても整理はつきかねる思いです。

それで、わたしが過去において沢木老師に親しく随侍してきたのと同じように、既に十七年も親しくわたしに随侍しつつ、いまは日夜わたしの身辺の面倒もみてくれている弟子の櫛谷宗則に、これの整理編集をまかせました。宗則さんは大いによろこんで、師匠の師匠にあたる沢木老師の言葉に自ら参究しつつ、しかしいかにも現代の若者らしい感覚をもってまとめたのが、この本にみられる体裁です。

このような形でまとめられたのをみて、わたしは大変満足しました。というのは、ここにあげられる沢木老師の言葉の断片は、ご覧のように、どれをとり上げても、思わず吸いつけられてしまうような言葉ばかりなのですが、何分にもその数が多いので、これらがただ漫然と排列されてあれば、却ってその焦点が呆《ぼ》け、その言葉の力を失ってしまうように思われます。これら本師老師の言葉は決してただ通読して捨てられていいものは、一つもありません。どれもこれも何より自分自身にあてはめて、じっくり味わい、いわば「古教照心」すれば、いよいよ深い意味が出てくるものばかりです。

その点ここに編集されたような「何々するあなたへ」の形であれば――もちろん全体にわたって通読されても結構ですが――それとは別に、特にいまあなたご自身が関心をもたれる項目のところを開いて、まずその章だけから、じっくり「古教照心」していただけるでしょう。そしてだんだんその他の項目にも関心を繰り広げつつ、そこにいわれる沢木老師の言葉に参究していっていただけば、ほんとうに深く、本師老師の言葉は、皆さんの血のなか、肉のなかにしみ通ってゆくことと存じます。

とにかくこの本は本師沢木老師の暖皮肉《だんぴにく》ばかりであり、わたしとしては、その本師の暖皮肉たるところを書きとめていると信じています。さらにこれを弟子の櫛谷宗則が、自分自身の修行として参究しつつ、しかもいかにも現代の若者として整理編集したわけで、結局わたしたち師弟三代にわたってまとめた本であることを、沢木老師も満足してくださることでしょう。
以上この本の成り立ち経緯を書きしるして、この本の序文とする次第です。

昭和六十一年盛夏、信州塩尻、清水氏隠居宅にて

内山　興正

目次

序　内山　興正　1　6

III

IV

I

1　他人の目がすごく気になるあなたへ

屁《へ》ひとつだって、人と貸し借りできんやないか。人人《にんにん》みな「自己」を生きねばならない。お前とわしとどちらが器量《きりょう》がいいか悪いか――そんなこと比べてみんかてええ。

＊

目が、オレはカシコイのだけれど、位が低いとも思わず、眉はオレは役なしだけれど、位が高いと思わぬ。――仏法の生活とは、この不知の活動である。

山だからというて高いと思わず、海だとて広いとも深いとも思わず――一切合財、不知の活動じゃ。

野鳥自《おのずカラ》啼《なキ》花自《ラ》笑《ウ》、不レ干《かんせ》ニ岩下坐禅人一《ニ》――野鳥は坐禅している人に、ひとついい声を聞かしてやろうと思って鳴くわけでもなく、花も人に美しく思ってもらおうと思って咲くのではない。坐禅人も、悟りをひらくために坐禅しているのではない。

――みなただ自分が自分を自分しているのである。

＊

宗教とは何ものにもダマサレヌ真新しの自己に生きることである。

＊

オイ、どっちゃ向いとるんじゃ。藪《やぶ》にらみみたいな目をして――。お前自身のこっちゃ。

＊

ケツの穴だからというて卑下せんでもいい。足だからというてストライキやらんでもいい。頭が一番エライというのでもない。ヘソが元祖だというていばらんでもいい。

総理大臣が一番エライと思うておるからオカシイ。目の代わりを鼻ではできぬ。耳の代わりを口ではできぬ。みな天上天下唯我《ゆいが》独尊《どくそん》である。

＊

一切衆生は唯我独尊じゃ、自分が自分を生きるよりほかはないんじゃ。それをどうして見失《みうしの》うたか。

――世間の見本が悪いからじゃ。常識といい、社会意識といい、党派根性といい、一切合財みんな見本が悪すぎる。

＊

徳川時代の儒者は、「釈迦という奴は傲慢《ごうまん》な奴《やつ》じゃ。天上天下唯我独尊などと言いおって」と言うておるが、そうじゃない。

天上天下唯我独尊はお釈迦さまばかりではない。だれでもかれでもみんな天上天下唯我独尊じゃ。

——それを天上天下唯我独尊をもち歩きながら愁嘆いうとるだけじゃ。

天上天下唯我独尊を、自分において実現するのが、仏道である。

＊

泣き顔をヤメイ。ちっちゃな気で「オレはツマラヌ」と思い、「ヒトはエライ」と思うて泣き顔してコセコセして。——そしてちょっとツマルと調子づきやがって。

＊

宗教をもって生きるとは自分で自分を反省し反省し、採点してゆくことである。

＊

なにごともヨソゴトみたいな顔している人間。

＊

自分で「自分をみくびる」ことがないようでは、信仰も懺悔もない。

＊

このごろグレン隊やら何やらが悪いことしてつかまると、「環境が悪いので」とか何とか言いおる。

——いったいどんな環境がよくて、どんな環境が悪いのか。金持ちの息子に生まれれば悪いのか、貧乏人に生まれればいいのか。

だいたい男一匹に生まれて「自己がない」ということこそ、真に環境が悪いんじゃ。

＊

ようつつしんで親だとか先祖だとか背景だとかで、値うちをもたそうとしてはならぬ。金や地位や着物で味をもたせてはならぬ。自分で生きてゆかねばならぬ。現ナマじゃ。宗教とは現ナマの自分で生ききることじゃ。

＊

世の中はヒトやヨソモンを背景にして自分をエラク見せようとする。味ないものを、皿で味をもたすようなもんじゃ。

そんなことで世間では、人間を見失う。

＊

宗教には連帯責任ということはない。私一人である。

＊

凡夫は見物人がないとハリアイがなくなる、見物人さえあれば火の中にまで飛び込む。

＊

世の中に表彰ということがあるが、ロクなことではない。表彰されると「はばかりながら……」

という染汚《ぜんな》がおこりがちだから。

＊

世の中、競走とか勝負とかいうようなオカシナことがあるべきではない。

オレはオレなんじゃ。絶対比較なし。

＊

今は学校の教育からしてワルイわい。試験して、点数をつけて、人間に等級をつけ、番号をつける。——こんなバカなことはない。

いったいどんなのがエライのか、どんなのがエラクナイのか。モノオボエのいい者がいいのか。モノオボエの悪いのが悪いのか。——モノオボエのいいバカも、いくらだっているではないか。

それにビリの番号をつけられた者なんか、「わい、ツマンナイ」と、一生ひがんでしまう者もおる。そのひがむことこそ、ツマンナイ。

＊

人から番号をつけてもらって喜ぶな。自己をもて。自己がわからず、人から評価してもらったり測ってもらったりして、喜んだり、ひがんだり。

＊

わしは人をほめたことはない。みんなよいところは自分でちゃんと知っておるから。——しかも中味以上に知っておる。

＊

ネズミが子供につかまえられて、ナブリモノにされ、コブチ（ネズミ取り）の中でバタバタ、バタバタ……――鼻はすりむけ、尻尾がちぎれ、それで最後に猫の鼻先につきつけられて、食われてしまう。

わしが、この場合ネズミならと思うことがあるな。「畜生、だれが人間の奴のナブリモノなんかになるもんか」と、コブチの中で坐禅していてやるな。

＊

よそ見なしが成仏である。よそ見がやんで、はじめて飯もだまって食える。

＊

仏道とはよそ見せんこと。そのものにナリキルことである。これを三昧という。

飯を食うのはクソをするためではない。クソをするのはコヤシをつくるためでない。ところがこのごろは、学校へ行くのは上の学校へ行くため、上の学校へ行くのは就職するため、と思うている。

＊

菩提心をおこすとは「よそ見をやめる」ことである。「坊主しょか、坊主やめよか。坊主しょか、坊主やめよか」――このよそ見がやんで「ただ正法眼蔵をもって重担となして随処に主宰とならん」（「大智禅師発願文」）とキマッタとき、菩提心をおこしたのである。

＊

よそ見なしに、この肉体を仏道につかうのが、太尊貴生《たいそんきせい》、露堂々《ろどうどう》（この上なく尊く、行きつく所へ行きついて、はっきりしている）ということである。

仏とは「よそ見のやんだ人」である。

＊

なにもよそ見する必要はないのじゃが、無始よりこのかた習慣でチラッチラッとよそ見する。

＊

大人になると妙な癖がついているから言葉ひとつでも大騒ぎしおる。

赤ん坊ならなんともない。赤ん坊に恥をかかそうとしても赤ん坊は恥をかかぬ。

大人ばっかりがはじめっから対立感をもっていて、みずから催眠術にかかっているから、恥をかいたり、腹を立てたりする。

ただマッスグにゆけばいいんじゃ。

＊

「鉄牛《てつぎゅう》（鉄でつくった牛）は獅子吼《ししく》を恐れず」と言うが、そりゃそうじゃ。生物の弱点がないから。

「木人《ぼくじん》（木で作った人）、花鳥を見るに似たり」――ここにも自主意識の弱点がない。

人間という奴は頭の早い奴で、化けものを見てはや腰ぬからかして、幻影を見ておびえておる。

＊

現実、現実と言うが、この現実にだまされて大騒ぎしているのである。

＊

自分の生き方が、一生みあたらない奴。

＊

クラガリを手探りでゆくことをやめろ。大手をふって歩ける所で歩け。「夜行を許さず。明に投じてゆくべし」(『景徳伝燈録』十五・投子同章)――これが宗教の極則である。

＊

見わたすかぎり自分ぎりで、自分でないものは何にもない。「オレのダルイのを手伝ってくれ。オレのイタイのを代わってくれ」――そうはゆかぬ。

＊

三昧とは、自分ぎりの自分であり、自性清浄心《じしょうしょうじょうしん》である。坐禅だけが、自分ぎりの自分であることができる。

坐禅のとき以外はいつでも他人より勝れたい、他人より楽しみたい根性がでてくる。

＊

われわれだれでも世界と一緒に生まれ、世界と一緒に死ぬ。めいめいもっている世界は違うのじゃから。

2　流行にのって得意になっているあなたへ

なんでも人のうしろにブラ下がってやりおる。人がイモを食っておれば、自分もイモが食いたくなる。人がアメを食っておれば、自分もアメが食いたい。人がキンタマ笛もっておれば、「キンタマ笛買ってえ」――と言うのは決してコドモばかりではない。

*

みんな春がくれば春に呆《ぼ》け、秋がくれば秋に呆ける。そしてみんな呆けさせられることをまっており、一方いかに呆けさせるかを広告しておる。

*

人間は動揺が大好きである。映画の広告の看板なんかを見ても、動揺した顔ばかりがかいてある。
仏法は動揺しないことである。
ところが世の中では、何のこともないことに、大騒動をやっておる。

＊

グループ呆《ぼ》けの中でのみしか見えぬのが凡夫の性である。

＊

勇ましい雰囲気の中にあって、そのマネして、勇ましいマネするのなら、それは勇ましいのではない。

＊

ヌスットが息子に意見している。「お前のような正直者で、おれのあとが嗣《つ》げるか。ちっとなと、ヌスット根性をもて」

＊

悪いことをする仲間では、正直者はバカにされる。

＊

道元禅師はよく「賢を見ては、ひとしからんと思え」と言われるが、こんにち日本人は、アメリカ人の愚を見て、ひとしからんと思い、日本人も往来なかで、男と女と抱き合うようになった。

＊

グループができると、その中に麻痺状態が発生して、よい悪いがわからなくなってしまう。われわれが世の中を遠ざかっているのも逃避しておるのではない。この麻痺状態をおこしたくないからである。昔から山野に才を求むと言うが、この山野とは無色透明な世界のことだ。

＊

周囲のノボセにノボセヌこと。雰囲気に酔わぬこと。――これこそ智慧である。どの思想と、どの組合にもひきこまれてはならぬ。――人間みたいな阿呆な奴を相手にせんこっちゃ。

＊

人間という奴は利口な顔しやがって万物の霊長ぐらいなこと言うて。――そのじつ自分ひとりの身体をもてあまして、スポーツ見物ぐらいでごまかして――。しかも自分一人じゃないなどと言い訳しやがって――。

＊

「グループ呆け」ということがある。そして呆けたのを経験とこころえておる。――ひとり透明になって呆けぬことが必要だ。坐禅はこのグループからご免こうむり、「シュッケイ」(失敬、出繋、出家）して一人になることである。

＊

一人おるとそれほどでもないのに、党派ができると、人間すっかりバカになる。グループ呆けするのである。そのグループ呆けしたいがために、わざわざ会費を出して呆けにゆく。坐禅はこのグループ呆けからシュッケイするこっちゃ。

＊

何にもせずに坐禅しているのが一番いい。何かすればたいがいは悪魔に「させられている」にすぎんのじゃから。

＊

群衆心理とはオカシナもんで、何もわからんなら黙っておりゃいいのに、何もわからんところにブラ下がってやりおる。――自己のないことおびただしい。これを浮世という。

＊

人のホメルことなら何でもする。人のホメルことについて歩いている奴もある。そして自分だけはない。――人にホメラレタからといって、つまらんじゃないか。

＊

無明《むみょう》とはワカラヌということである。せめてワカラヌということがワカッテおればいいのだが、ワカラヌということがワカラズ――そしてみんなグループ呆けから割りだしているんじゃから、お話しにならぬ。

＊

常識、常識と言うが、何を言うのかと思えば、人並みの考えのことを言っている。もっと言えばグループ呆《ぼ》けの考えのことを言っておるにすぎぬ。

名利《みょうり》とは、人間なみのことをよろこぶことである。

＊

いま時分の奴《やつ》のやることは、みな集団をつくって、アタマ数でゆこうとする。――ところがどこの集団もグループ呆けばかり、金がほしいというのもグループ呆けなら、エラクなりたいというのもグループ呆け。いわんや党派をつくるなど、グループ呆けの代表である。そんなグループ呆けをやめて自分ぎりの自分になることが坐禅である。

＊

選挙とは妙なものである。投票にゆく奴の顔を見ても、政治がわかって投票にゆくのではない。人がわかって投票するのでもない。だのに投票にゆく。――妙なもんじゃ。

＊

「在家の出家」とは、在家でありながら在家のグループ呆けしていない人間のことである。

＊

仏教とはノボセを下げる宗教である。世の中の人はうまい食い物食うてもノボセル。食い物のうてもノボセル。女を見てもノボセル。男を見てもノボセル。それを下げるのが仏教じゃ、天然自然のまま「ノボセナシ」ということが仏教である。

3　夫婦げんかでムシャクシャしているあなたへ

だれでも夫婦げんかしておる時、妄想でけんかしているとは思っていない。ところが坐禅していると、それが妄念であると、ようわかる。——何より坐禅の中から人生を見ること。

＊

男女同権という言葉が出てくるのは夫婦げんかする時のことで、夫婦仲がいい時には、男女同権も何もあったものでない。

＊

どんな思いでも、いま思えている思いが何万年もつづくもんじゃない。

＊

いいの悪いのということがあるものでない。ただおもわくが違うだけである。

＊

火の車だれもつくり手なけれども

おのがつくりておのが乗りゆく（古歌）

――なにもかもメイメイ持ちの心で呆けるだけじゃ。

＊

同一人物のふるまいが、恩人にも、怨《うら》みにも思える。同じ日の出入りが大晦日でもあり、元旦でもある。――法身覚了《ほっしんかくりょう》すれば無一物（『証道歌』）――ナサケナイ根性も、これを覚了すれば、一切のものは無階級。

＊

ありながらありつぶれ――撃ち方止《や》め。祇管打坐《しかんたざ》。

＊

迷いの根源は「オレ」というものを思いだしてから後の話じゃ。

＊

みんなカケガエのないオレさまというものを考えておるが、これが常一主宰《じょういっしゅさい》の我《が》というものである。「よう人が死ぬな。おれはちっとも死ぬとは思わんがなあ」と言うておった男がいたが、その男もとうに死んでしもうた。

＊

ただ因縁によって無明《むみょう》が急にカマクビをたてる。

＊

無明とはワカラヌということである。ワカラヌならじっとしておればいいのじゃけれど、盲人が鉄の杖をもって、陶器店へ入って暴れまわっているような具合に、暴れまわるのじゃからたまらぬ。

＊

晴るるかと思えばすぐにさみだるる
　あなおそろしきわが心かな

＊

——この自分の心をどう始末したらいいかが問題である。

＊

人生とは矛盾である。「あいつあんなことをしやがった」と言いながら、じつは自分もしたいことだったり。

＊

人生とは複雑なものである。天から火が降ってくるような戦争の時もあれば、炬燵《こたつ》の中で昼寝しておるような時もある。また徹夜で働かねばならん時もあれば、酒を飲んでいる時もある。

——こういう人生を、仏さまの教えによって、どう始末してゆくかが仏法である。

＊

好きな男女だからと言うて、一生好きでいられるもんではない。好き合うて心中し、その心中しそこのうた片割れが、またほかの奴《やつ》と恋愛するのだから。——人間なんてまったくウラメシイもんですよ。

＊

美貌だからと言うて、かならずしも幸福ということはない。美しいがゆえに男に好かれ、おかげで三人目のテテなし子を生んでしまったということもある。

＊

恋愛結婚、恋愛結婚とよう言うけれど、じつはたいがいが情痴結婚と言うべきだ。アナとボウとの問題だ。アナ恋しというのなら話はわかるが。

＊

犬のツルンダ後の顔を見てみい。キョロッと変な顔しておるやないか。人間も同じこっちゃ。なんでもないことにヤッサモッサやっておる。

＊

ワカラン男が、ワカラン嫁もろうて、「めでたい」と言うておるほどワカランことはない。

＊

平生、家庭というところは親子が腐れ合うて、夫婦が腐れ合うて、ガンジガラメになっているところでしかない。

＊

子供がぐずると、「このワカラン奴」と言うて叱《しか》っておるが、なあに、そう叱る親たちもみなワカラン奴なのである。――これを無明《むみよう》という。

＊

教育、教育というて、何かと思えば、みな凡夫《ぼんぷ》に仕立てることばかり。

＊

牛は名利《みようり》の鼻輪をはめられ、愛欲の鞍を背負い、鼻づらひっぱりまわされてモーッと言うておる。――人間という奴はそれを好んでやっておるから妙じゃ。

＊

人間がベチャベチャ喜怒哀楽をいうのは、犬がワンワン吠えるのと一緒じゃ。

＊

喜怒哀楽の波がたっておらなければ、どうせにゃならぬということはない。

＊

どこへ行っても一切衆生というものは同じ相場のものだ。

＊

動物園の猿を見ているより、飼いっぱなしの人間を見ておる方がおもしろい。

4　人生とは何かフッと考えてしまうあなたへ

人間に生まれて、悩むということだけで過ごしてしまうのは情けない。ああ人間に生まれてよかったというところまでゆかねばならぬ。

＊

生老病死《しょうろうびょうし》――この決定的事実をゴマカソウとしてもダメだ。

＊

実物――これを何とかせねばならぬ、というところから出発せねばならぬ。概念になってしまってはダメだ。

＊

今の世の中の人間は、オカシナことに自分の人生を、しみじみと考えてみたことがない。

われわれ過去永劫《えいごう》の昔から、何ぞ煮《に》えきらぬものを持ってきており、――「あの人もそうじゃ、この人もそうじゃ」と、それで平気でいるだけである。これがグループ呆《ぼ》けというもんじゃ。――

人並みでありさえすればいいと思うとる。
サトリとは、自分の人生を、しっかりと持つことでなければならぬ。グループ呆けがなくなることである。

*

満州のある所へゆくと、大きな犬に車をひかせて駆《か》けさせる。犬の首の前には肉キレがひとつ釣竿の先につけてブラブラと、その車に乗った人間がさし出している。犬はそれに食いつこうとドンドン走るが、とどかない。そして目的地まで車をひっぱったところで肉をひとつもらってパクリとやる。

月給取りの人たちもそれと一緒で、二十七日か八日の月給日まで、目の前にぶら下げられた月給袋に向かって走る。月給日がくるとパクリとやる。そしてまたすぐつぎの月給日に向かってどんどん駆けだしておる。

*

みんな自分自身その中につかりこんでいるから、そこに「何でも何ぞあるかのように」思いこんでやっておるが、じつは人間の一生は、みんなあのツバクロと変わりはない。オンタは餌ひろい。メンタは卵ぬくめ。

＊

たいがい人間のやることとは、べつにはっきりした人生観があってやっているのではない。ただ肩の凝《こ》った時にトクホン貼ってみるぐらいの、まにあわせの人生観でやっているのでしかない。

＊

いったいわれわれ、何にコメカミに力を入れてやっておるか。

＊

われわれうっかりすると、ただ凡夫《ぼんぷ》の希望よりほか何にもなくして過ごしてしまう。

＊

世の中は、いつもアアシタイ、コウシタイ。——しかし、してみたら、ナンデモナイことばかりである。

＊

新聞に、よう「人間煩悶《はんもん》ひきうけどころ」という欄があるけれど、そんなところへ話をもちこまねばならんナサケナイ人間になってしもうては困るね。

＊

なんと言うてもこの世の中は、色気と食い気の延長でしかない。

ヒヨコがミミズ一匹みつけてひっぱり合いしておるようなのが、またこの人間世界の姿でもある。

＊

山から雪のカタマリがころげおちてくるように、日に日に大きくなり、はてしなく迷うのが、三《さん》途六道《ずろくどう》（衆生が流転する地獄・餓鬼・畜生・修羅・人間・天上の世界）の群類である。

それをストップするのが坐禅である。

＊

世の中の人間は功利的なことでなければわからないが、それではそれが何になっているか？

——じつは何にもなっていないのである。

＊

馬と猫と「いったい何が幸福であろうか」と相談し合うたが、話がまとまらなかったという。八《はっ》卦《け》見の言うように、人生どうあったらいい、どうあったら悪いと、キマッテいるものではない。

＊

「金が仇《あだ》となって破滅する」ということもあるわけだが、そんな金の持ち方はヘタである。

＊

世間の安楽は、また苦悩がまわりあわせてくる安楽でしかない。世間のおめでたは不吉のまわりあわせてくるおめでたでしかない。

＊

人生の方角がワカラヌのを迷いと言うのである。ワカラヌ奴ばかり寄り合うているのじゃから、グレン隊も出てくるのは当たりまえじゃ。訳のワカラヌ戦争がおっぱじまるのもアタリマエである。

＊

人間という奴は、利口な顔して、真暗闇の中で手さぐりしておる。

＊

この娑婆世界というオカシナ世界も、なれてしまうとアタリマエと思うている。そして「坐禅」より「娑婆の世渡り」の方がツライに決まっているのだけれど、「世渡り」より「坐禅」の方がツライかのごとくに思う。

＊

人生狎《な》れてしまうから何ともないだけじゃ。

＊

わが身とはデキモノみたいなものである。

＊

乞食でも笑うことがあり、億万長者でも泣くことがある。ナーニ、たいしたことはないんじゃ。

*

一切有為法《ういほう》とは「幻影」ということじゃ。どんなドエライことでも、有為法は夢幻泡影《むげんほうよう》にすぎぬ。

無為《むい》とは「ツクリモノなし」、「無所得」である。

一切の有漏《うろ》とは「相対」ということ。どんなドエライことでも有漏法は相対にすぎぬ。

無漏《むろ》とは絶対である。

*

人間に生まれたということは、マアマアありがたいことである。しかし人間に生まれてノイローゼになって病院へ入っていてもつまらぬ。金がないと言うて苦にしておってもつまらぬ。女にほれた、女にふられたと言うて、いずれも苦にする。——何でもええんじゃがなあ。

それよりも、せっかく人間に生まれてきたんじゃから、生まれ甲斐《がい》のあることでなければならぬ。

*

仏教というものは「ああ人間に生まれてきてよかった」ということを教えるものである。

*

三昧《ざんまい》とは「一生において何をせねばならぬか」という自己を持つことである。

*

安楽といえば、寝ころんでおること、温泉につかっておることぐらいに思うておるが、そうではない。ヨロコビ、オチツキ、タノシミにみちたものが安楽である。――ゆきつく所にゆきついて、はじめてオチツキもあり、真のヨロコビ、真のタノシミもあるのである。

＊

凡夫《ぼんぶ》は五欲六塵にウロタエテおる。そして好きだとか嫌いだとか、得したとか損したとか、エライとかエラクナイとか、金があるとかないとか、勝ったとか負けたとか。

ところがそんなこと結局ナンニモナラヌということがわかって、そうして最後に「ナンニモナラヌ坐禅をタダスル」ということにゆきつかざるをえないのである。

＊

われわれムスボレにだまされて右往左往しているので凡夫という。何がムスボットルか、そのじつは無自性《むじしょう》である。それでムスボレにだまされて右往左往しておるのは、雲をひっぱり合いしておるようなものじゃ。

勝っても最後じゃない。敗けても最後じゃない。それを勝って泣き、敗けて泣くのはバカな話じゃ。

勝った、敗けたのの奥にある無自性こそが諸法実相《しょほうじっそう》である。ムスボレをホドクのがホトケである。

＊

「あることを知る底《てい》の人」とは、つくりもの、業《ごう》にだまされぬ人である。あることを知らぬ人間は退屈しのぎに煩悶《はんもん》したり、恋愛したり、酒を飲んだり、本を読んだり、スポーツしたり、いつもいい加減、中途半端なごまかしをやっておる。――こんな中途半端なごまかしで、その日ぐらしをやっておるから浮き世という。浮き世とは千鳥足で途草《みちくさ》し、横道《よこみち》している奴のことじゃ。世界各国ぐるめ、退屈するものだから右向けの、左向けの、タンタカ、タンタカ駆《か》け足だのと、子供の玩具みたいなものを持ちだして戦争もするんじゃ。人間一生、何をやっているのだか、わからんままにバタバタ、バタバタ――そしてそこに何でも何ぞあるかと思ってやっておるのだが――しかし何にもありゃせん。待っておるのは墓の穴ばっかりじゃ。

最後のしずかな落ち着き場所は、この「あることを知る」ときだ。「あることを知る」とき、宇宙を一目に見、宇宙とつぎ目なしになる。

＊

みんな不思量《ふしりょう》にして生まれたのである。

＊

どうせわれわれ、ただ生まれて、ただ死んでゆくんじゃ。それを人生の目的とか何とか。坐禅して何になりますかとか何とか。――どうせ去年死んでも文句の言う所もないくせに。――人生何にもならんことに決まっておるんじゃから、ただ去来しておればいい。それをいつも胸に一物もっておるから問題である。

＊

昆虫学者がガラス張りの中に昆虫を入れて、それらが物を食うたり、とも食いしたり、つるんだり、鳴いたりしているのをいちいち見ておるように、われわれ生活のいちいちも、じつは「真実」からすっかりのぞかれておるのだ。

5　金、金、金で生きているあなたへ

金をやると、寸法がみじかいので、すぐキキメのある人間。

＊

人間という「簡単な坊っちゃん」は、金さえあればええ、病気さえせんだらええ、出世さえすればええ、美人でありさえすればええ、などと思うておる。

＊

ぜいたくするのが偉いと思うておる。金持っておるからと言うてウヤマワレルのが不思議じゃ。

＊

衲《わし》は金持ちで、金で幅をきかす奴《やつ》をイタシメテ（痛めつけて）やるので、金持ちは衲にはなかなか金をくれぬ。

＊

昔から方角、方角と、よう言うてきたが、このごろのように地球は太陽のまわりをグルグルまわ

ってるのだとわかり、そのうえ、その地球のまわりに風船玉をグルグルまわすような時代になってくると、地球上で、どの方角がどうなのか、わからなくなっている。

結局、方角なんかどうだっていい。迷《ウガ》故《ニ》三界城、悟《ルガ》故《ニ》十方空、本来無東西、何処《いずこニカ》有《ラン》㆓南北㆒なのじゃ。どちらの方角がいいの、悪いのということはない。

ところで方角はそうじゃろうけれど、やはり金持ちと貧乏といえば、どうしても金持ちの方が貧乏よりはいいと思うとる。しかしじつはこれもどっちゃがええのか、わからぬものなんじゃ。金持ちだっていい加減悩んでおるぞ。なあに、人間金がのうても生きてゆけるもんなんじゃ。だれも生まれてくる時、持参金もって生まれてきたわけじゃないしね。

＊

人間の幸不幸はキンチャクばっかりの問題ではない。貯金通帳の帳じりが多いほど、幸福とキマッテおるなら別じゃが、そうでないから簡単ではない。

＊

金ものうては困る。けれども金より大切なものがあることを知らにゃ――。

色気ものうなることはない。けれども色気よりも大切なものがあることを知らにゃ――。

＊

人間、金を持っていなけりゃ生きてゆかれんような甲斐性なしじゃ困るね。

銭をためておらんでも、りっぱに生きてゆける世界があるんじゃ——。

＊

大学教授まで「食わせ、食わせ」と言う。

＊

肩書や月給でくらすほど弱味噌はない。

＊

働け働け、働いたら儲《もう》かる。儲かったら遊んでいても食える——こんな簡単な考えを持っておるから、それよりマルクス主義の方が高尚だということにもなる。

＊

世界の人間はコドモっぽすぎる。——なにもパチンコばかりではない。大げさなガサ(容積)で勝ったり、敗けたり、殺したり、殺されたり。

＊

好きなものと言えばキマッテいる。色気と食い気と、楽してエラクナリタイと。——好きなものを追い、嫌いなものから逃げるのが流転輪廻《りんね》である。——ネズミでも電気をつけるとすっと逃げる。

＊

食通とか何とか、ウマイモノを食うだけがタノシミの奴も、世の中にいるのじゃね。

金持ちはバカにキマッテおる。金だけをタヨリにしておれば、バカになるにキマッテル。

＊

昔の修身科という学科は、金持ちになれと教えてくれたが、金持ちになるやつはバカだとは教えてくれなかった。

＊

金持ちは金を大切にするから金持ちなのだ。だから金持ちが金をくれるはずはない。

＊

金を持つとエラクなったように思う奴があり、サトリをひらくとエラクなったように思う奴もおる。けれどメイメイ持ちの皮袋が、いくらなっても、それは悪魔になるだけじゃ。メイメイ持ちでないから宇宙いっぱいである。メイメイ持ちの思いのつきたところが仏法である。

＊

世の中は、損とか得とか、損得ばかりのことを言いおる。ところが坐禅は何にもせん。何にもならぬ。――それだから一番、広大無辺のことである。だから、

この心あまつ空にも花そなふ
三世のほとけにたてまつらばや
――道元禅師

6　総理大臣はやっぱり偉いと思っているあなたへ

アレキサンダーとかシーザーとか成吉思汗《ジンギスカン》とかは、大泥棒でしかないな。スターリンやヒットラーなどは、石川五右衛門や天一坊みたいなものと比べものにならぬほどの大泥棒じゃ。大げさな格好でやりおるが、結局、国定忠治と一緒で「ゆけるところまでゆこうじゃないか」と言うだけのこっちゃ。

ところが、こんな泥棒の親分どもをエライと思うておる――泥棒の子分たちは。

そこへゆくと坐禅は途方もなく徹底したことである。これさえわかれば、人間、泥棒をせんでもいいのじゃ。

＊

＊

どちら向いてエライのか。

いつの時代でも、人民は政治家にチョロマカされて、思わされているだけだ。

＊

われわれにはユガミがホンモノのような顔してひっついておる。

＊

人の物を盗めば、もはやそれだけでりっぱな泥棒に決まっておるのに、今の奴は警官がつかまえ、検事がしらべ、判事が判決をくだし、牢屋へ入ってはじめて罪人になるのだと思うておる。

じゃから政治家の汚職なども、それをもみ消してのがれれば、やっぱり自分は徳者だと思い、甲斐性もんじゃと思うておる。――それほどグループ呆《ぼ》けしておるんじゃ。

＊

中国の昔には忠義な家来が諫《いさ》めても、あべこべにヘコマセテしまうほど知恵のある天子がおった。しかしこんな知恵は仏法の智慧ではない。

＊

石川五右衛門だけがヌスットであって、ちょっと出来心で他人の物を盗った奴はヌスットでないというわけではない。ちょっと出来心で他人の物を盗ってもりっぱなヌスットである。それと同じくお釈迦さまだけが仏なのではない。仏のマネして坐禅すれば、仏である。

＊

われわれにはいつもクセがつけられておる。権力者やそれに付随する教育者やら思想家やら、その他もろもろがクセをつけるのに努力しよる。それでそのユガメラレ方は複雑きわまる。このユガミのとれたところを宗《しゅう》といい、また畢竟空《ひっきょうくう》という。

＊

政治力、政治力というが——何だ、ボスの団体じゃないか。

＊

娑婆《しゃば》の容積でハバをきかせようとするからムナクソが悪うなる。

＊

組織でやったことは組織でこわれる。

政治力でやったことは、政治力でまた倒れる。

＊

娑婆のことをみると、みんなツケ膏薬《こうやく》の話ばかりでおかしいんじゃ。

＊

わしの子供のころには、「お天子さまを見ると目がつぶれる」と言うて、戸をしめたもんじゃ。

今は「ウンそう。ウンそう」と言うて何ともない。

＊

戦前に牢屋へ入ったもの。

戦中に牢屋へ入ったもの。
戦後に牢屋へ入ったもの。

＊

警官という奴は、党派が変わるとその党派の命令のままに命《いのち》を捨ててまで働かねばならぬのだから大変じゃな。わしにはできん。

＊

ちょっと志のある人間なら、出世コースなどたどれるはずはない。だいたい大臣にでもなろうという奴は、人生観が低いんじゃ。

＊

代議士でも大臣でもナリタイと言って、「どうぞよろしゅう、どうぞよろしゅう」と選挙してもらう。あほなこっちゃ。——あんなもの、「なってくれ」と言われても、「ばかにするな」と言いたいところじゃ。

＊

総理大臣になり損うて泣き顔し、こんどは総理大臣になったと言うてニターッと笑うて写真を撮られている。まるでコドモと一緒やね。——コドモが今まで泣いておったのにアメ玉もろうて、ズクズクの涙の顔で、ニターッと笑いよる。あれと一緒じゃ。

――もうちょっと育っておらんとね。

＊

肩書で生きておる奴は落伍者である。

＊

名利《みょうり》をオモチャにしているのが凡夫《ぼんぷ》というものである。

＊

たいがいは自分の力で生きるのではなく組織の力で食わしてもろうとるだけじゃ。

＊

「あいつはエライ奴っちゃ。酒一升、息もつかんと呑みよった」――エライと言うたって、たいしたことはない。

＊

世の中では、その組合によって、エライ、エラクないの標準が違うのじゃから。

＊

世間の人は「凡夫としてできあがったところ」ですべてを論じておるにすぎぬ。

＊

世の中は妙なことに感心する。人からちょっと変わったことをするとバカに感心しよる。

＊

フクロウが夜目が見えるのは、フクロウの業通《ごうつう》(業の通力)。オットセイが水泳ぎがうまいのはオットセイの業通。狐が穴掘りがうまいのは狐の業通である。鯨が大きい図体しておるのも業《ごう》。それで大砲で殺されるのも業。——業がいくらよかろうと悪かろうと、それは業通でたいしたことはない。頭がよい、悪い、人好きがよい、悪い、器量《きりょう》がよい、悪い、——みんな業である。それで大臣になったとて、乞食になったとて、それは業通にすぎぬ。虎と猫と喧嘩して虎が勝ったって虎が偉いのではない。業である。頭の悪い人間が、頭のよい人間に、言わされ、おさえつけられてしまうのも業であって、頭のよい人間が、頭の悪い人間より偉いというわけでない。ただ業である。仏法はそんな業の話ではない。

人間は業の先ばかり追いかけて歩いているのだが、そんな業にだまされてはならぬ。別嬪《べつぴん》みればだまされるし、金をたくさんもらえばだまされるし、——いつもそんな中途半端なものにだまされておる。——そんな業にだまされぬとは、劫前《ごうぜん》(時間以前)にあゆみを運ぶことである。

＊

ライオンみたいに強い生まれつきもあるし、蛇みたいに長いのもおるし、イタチみたいに夜目が見えるのもあるし、鶏みたいに子をとられ子をとられ、最後には親ぐるみ、ひねられてしまうのもおるし、牛みたいに一生こき使われて、最後には肉を食われ、骨は細工ものニカワにとられるのもおるし、猫みたいに上座にのっかって、かわいがられるのもあるし——これはみな業報《ごっぽう》であって、よいも悪いもない。

業報のいいものは、やりすぎて最後にサカトンボリ(まっさかさまにひっくり返ること)するだけじゃ。

＊

鼠がくるくる働いておる。——これは業報《ごうぼう》の姿でしかない。「あんたよう働くな」と、そう感心せんでもええ。

また夜、目が見えると言うたって、感心せんでもええ。猫じゃあるまいし。人間なら夜、目が見えぬ——当たりまえでいいのじゃ。

＊

イタチは夜目が見え、アザラシは水泳がうまいということは、業通(業の通力)なのであって、けっしてエライのでもなんでもない。世の中でエライと言うてもたいがいは業通でしかないので、頭がようて高文(高等文官試験)を通ったと言うても業通だ。——真実の人生を見つめたからでも何でもない。

＊

世の中という所はケッタイな所で、ある人が夜目が見えるというだけで、ばかにもてはやされる。しかしフクロウはみんな夜目が見えるし、ダチョウはみんな早く走る。

＊

虎の檻《おり》の中に猫の子一匹入れたら、猫はおどろいて逃げまわる。それを虎はつかまえて、アッという間に食うてしもうた。猫も虎も生物の弱点でしかない。——西行の銀の猫ならよかったのじゃが。

＊

技量を持ち歩くようなものは、人間相手なのじゃからクソでもない。技量ともに尽きたところでなければ——。

＊

徳川家康って、イヤな奴っちゃね。俠気《おとこぎ》がちっともない。わしにはあんなマネできん。家康ばやりになって、あんな人間ばかりになったら、世の中はペテンのかけ合いになってしまうだろう。

＊

歴史をみておると、みんな難攻不落じゃと思うて、大阪城をはじめもろもろの城をたてておるが、みなその城の中で亡《ほろ》びておる——バカもんじゃと思うね。

徳川家康はタヌキと言われるが、まったくウマクやった奴やね。しかしそれで永久かと言うと——やっぱりバカな奴やね。

＊

東西古今の英雄たちを見てもようわかる。人間という奴は、エライ奴もエラクナイ奴もモガキタクッテそして死んでしまうんじゃ。みな夢幻のためにあらんかぎりのモガキをやって、罪をつくっているだけじゃ。

＊

一切衆生は盲滅法《めくらめっぽう》。――あに太陽族、グレン隊にかぎらんや。

なにしろ盲滅法に生まれた子供を、盲滅法の親がそだて、盲滅法の先生が教え、盲滅法の政治家がおどらせ、ひっぱりまわすのじゃから。

＊

昔、巣鴨の病院に「芦原《あしわら》将軍」という誇大妄想の男がおって、紙で勲章つくって胸にぶらさげ、人が訪ねると勅語《ちょくご》をくれていたが、こんどの戦争が終わってみると、軍人たちもみんなあれとちっとも違わんことをしておったことがようわかるな――。それをまた近ごろ勲章を復活しようとか。

＊

日露戦争で領土をとったりして、本当にそうなったのかと思っていたら、そうなっておらんかったね。敗戦してみたら怨《うら》みをかっていただけだったことがようわかる。

＊

忠義、忠義と言うけれど、どっちゃ向いてどうしておるのかわからぬ。わしらも日露戦争では本気になって戦争したのじゃが、こう敗けてみると、せんでもよかったことをしたということがようわかる。だいたい戦争などせんでもいいんじゃ。

＊

スターリン一人生まれるのと、生まれないのでは、殺されるものの数が違う。一人の人間が生まれると、生まれぬとでは大変違う。お釈迦さま一人生まれたというのは、大変なことである。

＊

人間は本来のまま放っておけば、それでいいのじゃけれど、だんだん悪うなる。それというのは見本が悪い。

創価学会が幸福になれると言うが、幸福とは何かと言えば、金持ちになることじゃと言う。金儲けなら、幸福でもなんでもない。お釈迦さまは、王城を捨てて出家し、乞食されたではないか。幸福になったり、不幸になったり、動揺するのを迷いという。

＊

みんなが違った業《ごう》を持っているのだが、みんな同じく仏さんにひっぱられてゆくことが大切だ。身心脱落とは我のツッパリを捨てて仏の教えを信じ、仏さまにひっぱられてゆくことである。

7　ライバルに差をつけたいと思っているあなたへ

よう「おれとあれと、どっちがエライ」などと言うが、どうせどっちも「土の化けたる伏見人形」じゃ。

＊

人間、エライもエラクナイも問題でないところにしっかり坐るこっちゃ。

＊

生きておる間はオレとオマエと当然あるかのごとく思うて、背丈比べしたり、お化粧したり大騒ぎする。しかし本当はオレとオマエという二つはないのである。それは死んでみればようわかる。

＊

仏法とはシキリ目なしということである。アンタと私と、どれだけシキリ目があるか。それをいつのまにやら、敵と味方と分かれて、シキリ目があるような気になって、それにあんまり慣れすぎている。そして本当にシキリ目があるように思うている。

＊

金持ちも貧乏も、エライもエラクナイも、みんなありゃせん。チカチカッとするだけである。だのに人間の幸、不幸で仏さまを怨む奴があるな。

＊

幸不幸、エライエラクナイ、好き嫌い――これらのことで娑婆世界は大騒ぎやっておる。どうもない世界――これが非思量の世界である。

＊

世の中に心を労せにゃならぬことは何もない。妄想分別の何にも役にたたぬことが、「役にたたぬ」と決まるだけである。

＊

内務部長をしておる男が病気して寝ておる間に、後輩が知事になったら、なおりかけていたのにまた熱を出した。――熱なんか出さんでもいいのに。

＊

「今にみとれ」と言う奴がある。いつまで生きるかわからんくせに。――これこそ予定なしの奴じゃ。

＊

「人間と人間と出会うとみんな狼である」と西洋の諺《ことわざ》にもあるが、この狼の嚙み合いをやめるのが宗教の第一歩である。

＊

われわれが子供のころから教わり習うたものは、少しでも自分をエラクみせかけようとすることばかりで——それを世の中では教育とこころえておる。——そこで一生何に努力するか。——修羅道に努力し、畜生道に努力し、餓鬼道に努力しておるばかりとなってしまう。

＊

世の中にはヒョロヒョロの人間ばかり。こんなヒョロヒョロの人間をつきたおして、自分だけ成功する——そんな俠気のないことが仏法ではない。

「不成功を成功すること」が仏法である。十劫坐道場不得成仏道——十劫《こう》もの長いあいだ坐禅しておりながら、みずからは仏道をも成じない（『法華経』化城喩品）。——それが仏法の精神である。

＊

人間は競走や闘争でなければ目の覚めぬような顔をしておる。馬じゃあるまいしカケッコしたり。オットセイじゃあるまいし泳ぎっこしたり。猫の子じゃあるまいしテマリのとり合いをしたり。

＊

人間は結局、勝った敗けた、好きだ嫌いだ、金持ちだ貧乏だということでなければ、目の覚めぬような顔しとる。

＊

仏法は勝ち敗け、好き嫌いでないんじゃ。

＊

ようサトリの背比べする奴がある。背比べするならサトリでないことは明らかである。

8　詐欺にひっかかって泣いているあなたへ

メイメイ持ちの損得だけで喜んだり、悲しんだりしていていいものかどうか。――よう頬《ほ》っぺたをつまんで考えてみい。

＊

人間はいつの間にか「私」が入ってしまう。「ああよかった」――何がよかったのかと言えば「私がよかった」というだけの話じゃ。

＊

人間、何でくたびれるかと言えば、少しでもうまいことしようという動揺でくたびれている。

＊

「迷い」というものは安定がないということである。周囲の事情によって漂《ただよ》っているのが迷いである。

＊

欲の深いやつは容易に詐欺にひっかかるが、欲のない者には詐欺師も、いかんともすることはできぬ。

＊

仏教は無我、無所得——宇宙、一切衆生とつづきでなければならぬ。

＊

無我とは人にそむかないということである。

＊

一切衆生はみんな間違っておる。

幸福でないものを幸福じゃと思い、不幸でもないのを不幸じゃと言うて泣きわめいておる。ようう、子供が泣いておるのに、菓子でも持たせると、ズクズクの涙をためて、ニタ〜ッと笑いよる。——衆生が幸福と言うたって、どうせそんなものじゃ。

＊

われわれはよう「この目で見た」「この耳で聞いた」と確かそうに言うけれど、その目、その耳があやしいんじゃ。みんなこの目、耳、鼻、舌、わが身、わが思いにだまされているのである。

幸福だの不幸だのと、よう言うが、それはただ「思う」だけのことであって、本当のところは、「ナンデモナイ」じゃないか。

＊

メイメイ持ちの損得にダマサレルな。

＊

一切衆生はうろたえまわっておる。仏法とは「うろたえまわらんでもいい正体」を見せるものである。

＊

人の世に非常時ということがあるにはある。しかしこの非常時に、非常時の皮をかぶせて大騒ぎするのが人間の弱点である。実際以上に慌《あわ》てておる。

＊

受験予備校でカンニングする奴がある、予備校でカンニングするようでは、本当の試験のときカンニングせねば通れぬのに決まっておるが――そのばかさ加減は折れて曲がって念が入って、風流すぎる。

しかし、じつはそれと同じばかさ加減を、世の中すべてやらかしておる。

＊

酒を呑みすぎないということは大変だ。というのは酒が酒を呑むからじゃ。

酒が酒を呑んでおるようなのが、世間の迷いというものである。

＊

どんなことでもならべてみろ。百千あろうとも、どれもこれもみなゆきづまる。あれもゆきづまる。これもゆきづまる。どの方向へ向いていってもゆきづまるものばかり。——そんなゆきづまるものはみんな捨てる。そして何も持っていない。——そこが絶学無為《ぜつがくむい》の閑道人である。

9　辞表をたたきつけたいと思っているあなたへ

人間ほんらい東西南北どっちゃの方向へ向かって闊歩《かつぽ》してもいいのである。

＊

人間のやることでネウチのあることは二度とない世界をゆくことである。クリカエシなら機械の方が間違わぬ。

＊

人生に軌道なし。

＊

胡家《こけ》ノ曲子《きよくす》ハ不レ堕《だ》セ二五《ご》韻《いん》ニ一（胡人の曲は漢人の五音六律の音楽には入らないこと。転じて禅の宗旨は教相判釈で決めることはできない喩え。——「洞山玄中銘」）

ダルマの宗旨には音符はないんじゃ。

仏法とは広大無辺、決めてしまったらアタラナイ。タラの干物みたいなものでない。生きている魚にはキマッタ形はない。

＊

野外要務令に「戦争は百事多端なり」とあるが、戦争にかぎらず、活版刷りの人生ということはありはせん。

活版刷りの人生を考えておれば、落伍することマチガイない。裁判でも書き付け通りというのが一番アブナイんじゃげな。

＊

水鳥のゆくもかえるもあと絶えて
されども路はわすれざりけり
――道元禅師

鳥道《ちょうどう》には足かたがつかぬ。これは汽車のレールのある歩みともちがう。また牛の歩みのようなのともちがうわい。

＊

生命というものは瞬間ぎりに決まっているではないか。どうして細分したり、体系づけたりした段階が考えられるものか。

＊

人間は習慣から一歩も出られないでいるからあわれである。

＊

ヘボは書き付けどおりの仕事をする。

＊

われわれいつも何か部分的のものにひっぱられて、全体の方向をあやまっている。——オマケのクジが当たるかもしれぬと言うて、ヘンな買物をしたり。

＊

学に志すということは、ほんらい人生の見とおしをつけるということであったのに、明治以来、職業の免状をとるためということになってしもうた。

＊

どんな大きな事業をやっても、これをエンマさんの前に持ってゆくんじゃないぞ。みんなほっといて裸で死んでゆくんじゃ。

＊

世間の善悪真偽は、すべて五十歩百歩でしかない。

＊

楠正成《くすのきまさしげ》の千早城を、北条勢が攻めたとき、北条勢にも戦死した人間もあり、これを「名誉の戦死」と言うたとみえる。そのため、こんな歌もあるぜ。

いたづらに名のためにだも捨つる身を
　など法《のり》のため身を惜しむらん
＊
いざといえば手放しでなければならぬ。
＊
どちらへどうころばしても危《あぶな》げのないのでなければならぬ。
＊
すべきことをするのが最上安楽であるに決まっている。
＊
随時随処坐りのいい――ちょうどよい時を外さず――これを「光陰空しくわたらぬ」と言う。
＊
一生涯、敗け戦さして、逃げづめに逃げて、ついに逃げおおせない。――そんな敗け戦さの生涯ではダメだ。

「乾坤贏《けんこんか》ちえたり一閑人《いっかんじん》」（他とのカネアイでない天地一杯の自己の実物を生きる人――「大智《だいち》禅師偈頌《ぜんじげじゅ》」）そういう生き方もあるのじゃ。

＊

「もうお前もここまできたら、袈裟をきりあげてよかろうがや」——という因縁がきてはじめて出家になれる。坐禅もできるのである。

＊

なんでもかんでもアッケナイものである。いつも物の相場は狂うもんじゃ。ここのところをよく承知して、お釈迦さまは国王の位もお妃も王子も捨てて出家されたのである。

Ⅱ

10 坐禅を始めたいと思っているあなたへ

世の中には、いろいろの果報者もあろうけれど、坐禅がさずかり、坐蒲《ざふ》のうえにシリをのせる果報ほどしあわせなものはない。

＊

天理教でいい者は天理教へ行け。
金光教でいい者は金光教へ行け。
坐禅したい者だけ、坐禅に来い。
坐禅は何になる？——坐禅は何にもならぬ。

道元禅師は数の多いのは大嫌いじゃ。数の多いのを「蝦蟇《がま》蚯蚓《きゅういん》のごとし」と言われる。カエル子やメメズみたいじゃと言うこっちゃ。それよりも一匹でも竜は竜、象は象——それで雲水のことを竜象と言う。

＊

昔、五百人の羅漢につかえていた五百匹の猿が、羅漢の真似して坐禅しておった。その目つき、鼻つき、口つき、身体つきを真似して、千人の仙人が坐禅をまなび悟りをひらいたという話がある。そこで衲《わし》は、真似でもいい、坐禅の種子《たね》をのこさねばならぬというのが念願である。

＊

坐禅したら、まったく新しい自己である。

＊

参禅するものは、いつも「今、ここ、自分」のことでなければならぬ。自分をヌキにしたウワサ話であってはならぬ。

＊

駒沢大学の坐禅堂のすぐそばに野球場がある。坐禅して野球応援団の応援稽古を聞いておると、いかに自己を軽んじているかが、ようわかる。

＊

坐禅とは、われわれのナマニク(生肉)でかためたホトケである。

＊

凡夫のナマミを最高にせりあげたのが祇管打坐《しかんたざ》である。

腰とは肉づきへんにカナメという字。坐禅する時にはまず腰をしっかりのしておらねばならぬ。

＊

坐禅の時は、腰を大地に埋め、頭をもって天をつけ。

＊

坐禅の場所に喜怒哀楽の情をさそうような音がすると、波風がたって、坐禅が身につかない。

＊

悪知識に親近《しんごん》の者は、坐禅においてなるべく刺激を求める。

坐禅はなるべく刺激なくして、ナントモナイ坐禅をせねばならぬ。

＊

昼寝する身体で坐禅もできる。坐禅する身体で昼寝もするのである。

＊

こうして一日、一緒に坐禅するということは途方もないことである。一日、一緒にパンパン買いに行くということは途方もなくつまらんことである。

＊

今晩泥棒しに行くためにメシ食うなら、「ドロボウめし」であり、パンパンしに行くためにメシ食うなら「パンパンめし」だし、坐禅するためにメシを食うなら「仏道メシ」である。――いったいわれわれは何のためにメシ食うておるか。

＊

安泰寺でフトン新調するのと、女郎屋のおやじがフトン新調するのとはワケが違う。女郎屋のおやじは人をつるませて金儲けするためなのだし、われわれの所では坐禅する人に風邪をひかせないためである。坐禅する人とは仏さまなのじゃから、つまり仏さまのフトンである。

＊

坐禅するために食う。坐禅するために寝る。してみれば食うのも寝るのも坐禅することとなる。

＊

「坐禅で生活せねばならぬ」と言えば、「行も亦《また》禅、坐も亦禅」と、坐禅せぬ。「坐禅せねばいかぬ」と言えば、坐禅だけが坐禅で、ほかのことは坐禅でないように思う。

＊

われわれの本尊は坐禅である。この本尊さまはわれわれ凡夫という一切衆生を、この生肉をヘシマゲテ坐禅させることによって救いとるのである。

＊

坐禅をするのは、生死《しょうじ》から仏道へのキリカエじゃ。それで「一超直入如来地《いっちょうじきにゅうにょらいち》」（『証道歌』）とも「坐禅は三界の法にあらず、仏祖の法なり」（『別本正法眼蔵』仏道）とも言う。

＊

仏法は仏と仏との相談であって、仏と凡夫《ぼんぷ》との相談ではない。だから唯仏与仏乃能究尽《ゆいぶつよぶつないのうぐうじん》（ただ仏と仏とのみ乃《すなわ》ち能《よ》く究《きわ》め尽す——『法華経』方便品）とも言い、仏仏相念とも言う。それはただ正《しょう》身端坐《しんたんざ》したところにのみ成就する。

＊

われわれの坐禅とは、冬眠してマアッタラシの世界を見なおしてみることである。

＊

坐禅は母親の胎内へもういっぺん入ってしまうことで——だから坐禅は仕事ではない。

＊

みな胸算用で忙しゅうて仕様がない。これをヤメルのが坐禅である。

＊

坐禅は人間の一切の錯覚からゴメンこうむることである。

＊

坐禅は口では言えぬことをするのである。

＊

坐禅は思いで思えぬことを行ずるのである。

＊

わたし一人の坐禅が尽天尽地、大解脱地を証する。

＊

坐禅は宇宙いっぱいとスイッチのつく法である。

＊

宇宙いっぱいのものを、即今《そっこん》、即今、一切に尽くして行じてゆくことが三昧である。

＊

いっぺんポッキリの奴をやらかすのを祇管《しかん》と言う。また光陰莫虚度（光陰むなしく度《わた》ることなかれ）と言う。

＊

我与《と》大地有情《うじょう》、同時成道《じょうどう》――仏法は、これを政治力でやるのではない。「自分が」やるのである。

トルーマンもスターリンも毛沢東も、みんな抱いて坐るのである。一坐一切坐、一切坐一坐じゃ。

＊

現象界は神からツクラレタものではなく、みんな因果関係である。

仏とは「無限」という原因から、「無限」という結果ができてくる。不思量底を思量する――ここに仏が現成《げんじょう》する。

よう禅とは無心だと言うが、無心とは無限になることである。この無限は、有限と対立する無限ではない。

＊

坐禅以外のいかなる「よいこと」でも、「オレが、オレが」から出てきているにすぎぬ。「オレが、オレが」のとれた坐禅のみが、真実である。

＊

飢え死するつもりで坐禅しておればいい。「法輪転ずれば食輪転ず」などということをアテにしておるとワケが違う。法輪さえ転ずれば食輪などどうでもいいんじゃ。

＊

とにかく俗情にイロメをつかったのは、みんな禅ではない。
仏法は、人間の考えの特用向きのことではないんじゃ。

＊

「みんな壁の方むいて坐っていて——アレいったい何をやっているんじゃ。坐禅みたいなとぼけたこと」と言うた奴がおる。——娑婆から見たら、みんなこれじゃ。

＊

「坐禅して何になるか」――この「何になるか」という問いが第一、中途半端じゃ。テレビが発明されて何になった？　おまえが生まれて何になった？――何にもなるものは一つもない。

＊

「坐禅して何になりますか」と言うから「坐禅しても何にもならぬ」と言うてやったら「そんならやめとこ」と行ってしまった奴がある。

しかし「物足りよう物足りよう」と走りまわっていったい何になる？　パチンコして何になる？　ダンスして何になる？　野球して勝った敗けた言うて何になる？　――何にもなりゃせんやないか。――結局坐禅して、ぐずぐず言わぬことより徹底したことは何もない。食うために役立たぬことを、世間では「何にもならぬ」と言うまでじゃ。

＊

よう「坐禅は何年ぐらいしたらモノになりますか」などと聞く奴がある。――坐禅はモノにするものではない。何にもするものではない。

＊

このごろ禅ブームとやらで、なんの印刷物にも禅の話が出ている。読んでみると、「よういわんわ」というようなのが書いてある。道端で、小耳にはさんだようなことが書いてあったり、中には一週間の速修料で「見性《けんしょう》できる」というのまである。

こんなのを何にも知らずに本気になって読んでいる人もあるじゃろうが、困ったもんじゃ。

＊

仏教的人生観がハッキリしてからでなければ、真の坐禅修行にはならぬ。

＊

安心《あんじん》があって念仏するから念仏である。安心があって坐禅するから坐禅である。

安心がのうてする念仏は念仏でない。安心がのうてする坐禅は坐禅ではない。

飯を食うのも、ゆきつくところへゆきついた食事をすればこそ仏行である。

＊

わが宗では「坐禅」が本尊。

非思量が法身《ほっしん》。

「修せざるにはあらわれず、証せざるにはうることなし」（『正法眼蔵』弁道話）が報身《ほうじん》。

「行も亦《また》禅、坐も亦禅、語黙動静体安然《ごもくどうじょうたいあんねん》」（『証道歌』）が応身《おうじん》。

11　坐禅で胆力をつけたいと言うあなたへ

「坐禅したら肚《はら》ができる」——そんな「肚」なんかどうでもいいというのがハラであり、坐禅である。

＊

坐禅して胆力を養いたいなどと言うてくる奴があるが、胆力ぐらいなら酒飲んだ方がええ。——たちまち借金とりも鶯の声じゃ。

＊

『禅と胆力養成』などという本もあるが、そんな胆力はマヒでしかない。

＊

坐禅で我《が》の皮を厚うしようと思うておる奴がある。

＊

ハラをつくるとは、メイメイ持ちの小さな根性がなくなるこっちゃ。

＊

メイメイ持ちの何かが少しでもあれば、純粋無垢でマジリ気のない坐禅にはならない。健康法というマジリも、サトリというマジリも、少しもなしに、純粋無垢の坐禅をせねばならぬ。みじんでも手前味噌の能書があれば仏法をあやまる。

＊

仏教を簡単に言えば無我である。無我とはオノレなしということ。オノレがないから、宇宙いっぱいじゃ。宇宙いっぱいということを、諸法実相と言う。

＊

正法《しょうぼう》とは無所得ということ。
邪法とは有所得ということ。
――われわれはできるだけ損をせねばならぬ。

＊

喜怒哀楽の対象があって坐禅しておれば、それが坐禅の中に大きな幽霊となって出てくる。

＊

坐禅の中には仏法も鉄砲も持ちこんではならぬ。いわんや女房をや。

＊

仏道とは無所求、無所得ということである。

有所得ならば、どれほど修行しても仏法になりはせん。無所得ならばそのままが仏法である。

＊

求めたものは失われる。

求めざる豊かさ――回光返照《えこうへんしょう》、退歩してみれば、求めるものは何もない。逃げも追いもできぬものである。実相は不生不滅《ふしょうふめつ》、不垢不浄《ふくふじょう》、不増不減《ふぞうふげん》なのじゃから。

＊

薬山《やくさん》和尚が坐禅しておった。師匠の石頭《せきとう》大師が、「汝、なにをしとるのか」

「なんにもしておりません」

「なんにもしておらんのなら、遊んどるのか」

「遊んどるなら、遊んどるということをしています。遊んどることもしておりません」

「汝、為《な》さずという。この什麽《なに》をかなさざる、という」

「千聖《せんしょう》もまた知らず」

――この薬山の坐禅を、石頭《せきとう》大師は、極力、讃嘆してござるが、まったく「千聖もまた知らず」という坐禅こそは、途方もなく幽邃《ゆうすい》なものである。

今では速修料を払って、一週間ぐらい坐って、見性《けんしょう》たらなんたらいう世界もあるそうじゃが、

「千聖もまた知らず」という薬山禅師の坐禅は、そんなものではないことは言うまでもない。

「千聖もまた知らざるところ」に坐るのじゃから、――それが祇管打坐《しかんたざ》である。

＊

今どき坐禅坐禅と、よう言うけれど、どっちゃ向いて坐禅しておるのやら。――ヤレ胆力養成とか、ヤレ肚が坐るのとか、ヤレ悟りをひらいて何たらかんたらとか。

そうして公案をとくのを、小僧らに言わせると、「へえ、これは頓智ものでしてね」などと言いおる。


これらはすべて凡夫が仏法を見ておるからじゃ。

ところが仏法は凡夫にあるべき法ではない。仏法は仏法の目で見られねばならぬ。それで坐禅が、ハッキリ坐禅しておることはめったにない。

＊

「へえ、坐禅でもして、修養しようと思いまして」などと、まるでお化粧するのと同じように思うておる奴がある。

＊

ここは修養する所ではない。白紙になる所である。拾う所ではない。煩悩も菩提もすべて捨て去る所である。

＊

凡夫のエライ人間をつくろうとするのが仏法ではない。

＊

坐禅は腕押し脛《すね》押しの競走をやめたこと。

＊

毎朝冷水浴をします。——そんなことなんでもない。金魚は毎朝水の中にいる。
タバコをやめました。——猫だってタバコはのまぬ。
逃げたり追うたりすることなら、どんないい名前をつけても流転輪廻でしかない。

＊

坐禅はオダテもない。コキオロシもない。

＊

真実の宗教とはツクリモノなしの世界である。

＊

いらいなぶり(もてあそぶこと)なし。——そのままでよろしい。

＊

みんな坐禅や念仏に何ぞつぎ足さねばならぬのかと思う。——何もつぎ足さいでもいいんじゃ。

どんな奇特玄妙なこと、どんな神秘的体験を味わったと言うても、一生その味わいがつづくものではない。

＊

凡夫はみんな奇跡や神通力——デンデレンが好きである。

＊

修行が嫌いでサトリが好き、働かないで金儲けが好きというのが凡夫の性じゃ。だからタカラクジがはやり、真実の仏法は嫌いで、ご利益本位の新興宗教がはやる。

＊

悟りにとどまり、金にとどまり、名誉にとどまり、色にとどまり、——とどまらぬのが仏法である。

＊

坐禅は「おとなの姿」である。幼稚な姿ではない。

12 坐禅してもマシになったとは思えないあなたへ

坐禅して何になるか？　――ナンニモナラヌ。――この「ナンニモナラヌ」ということが、耳にたこができて、ほんとにナンニモナラヌことをするようにならなければ、それこそナンニモナラン。

＊

「なんにもならんこと」を自信を持ってしておるところが、おもしろくはないか。

＊

よう「禅でもやって、ちとマシな人間になりたいと思いまして」などと言うてやってくる。――坐禅して「人間を」マシなものにしようと思うておる。阿呆な。人間なんかどこまでいってもマシなものになるもんかい。

＊

よう「禅をやって、ちょっとマシな人間になろうと思いまして」と言うてくるのがある。坐禅は人間の修養ではない。

人間の廃業である。

＊

よう「禅は無心になることでしょ」などと言いおる。——無心なんて、死ぬまでならんわい。

＊

坐禅してよくなると思うておる。そうじゃない。「よしあしを忘れる」のが坐禅じゃ。

＊

坐禅にはお駄賃というものはない。

日長うして小児の如く　山静かにして太古に似たり

＊

坐禅はモノタリヌ。何がモノタリヌかと言うと、凡夫の人間がモノタリヌのである。

＊

宗門の坐禅は張り合いがない。「張り合いのいい」のが好きなのは凡夫の性である。

スポーツやパチンコ、競輪など、なんではやるか——勝った敗けたで張り合いがいいからじゃ。

＊

無量無辺というものが、この人間の欲に物足りたものであるはずがない。

＊

尽十方ということが、凡夫の思いに物足りたものであるはずがない。

＊

物足りぬ、坐禅を承当するだけである。
物足りぬ、坐禅を身をもって行ずるだけである。
物足りぬ、坐禅を身につけることである。

＊

坐禅ににらまれ、坐禅に叱《しか》られ、坐禅に礙《さ》えられ(邪魔され)、坐禅に引きずられながら、泣き泣き暮らすということは、もっとも幸福なことではないか。

＊

「坐禅をしている時には、なるほど成仏かもしれませんが、坐禅していない時には凡夫ですか」と言うてきた者がおる。

ではヌスットしている時にはヌスットだが、かれがヌスットしておらん時にはヌスットでないか。またこれからヌスットをしに行くために飯を食うておるのと、これから坐禅するために飯を食うておるのと、これ同じか、これ異か。——ヌスットいっぺんやっただけでも世の中は相手にせん。坐禅をいっぺんやっただけでも坐禅を永劫《えいごう》やったのである。

＊

坐禅ほど不思議なものはありはせん。自分で坐禅しておりながら、だれもこれはいい坐禅だなどと思わぬ。しかし客観から見たら妙荘厳《みょうしょうごん》じゃ。その反対に、ほかのことはたいてい、ほかから見たらばお粗末でしかないことを、自分自身は大したものだと思うてやっておる。

＊

仏法が宇宙いっぱいなのは、無所得だからである。常精進も無所得なればこそ疲れないのである。

＊

木人、石女になって修行するのを、本当の無所得の修行という。

＊

坐禅は淡白なものである。味のないものである。これに味をつけると人間のものになってしまう。

＊

坐禅はそうハヤルものではない。スポーツみたいに、勝った敗けたの話なら、凡夫の性だからようわかってハヤルのだが。

＊

坐禅が世の中にハヤラヌのは、あまりにも坐禅が高尚、幽邃《ゆうすい》すぎて、赤ちゃんたちには興味が持てぬからである。

＊

無色透明の大空は、小さな盆栽やコケシと違うて広大無辺である。ところが人間は盆栽をいじくったり、コケシを飾りだなにならべることが好きだ。

＊

われわれは意識に味をもたしなれているので、無味無色の仏法にはなかなか入りにくい。

＊

坐禅しておると、よう妄念がおこりますと言うてくる人があるが、妄念がおこるということがわかるのは、波風がおさまりノボセが下がったからである。

＊

「坐禅すると妄念がおこります」と言うてくる人がある。――そうじゃない。坐禅すればこそ妄念がおこっているのがよくわかるのだ。妄念ぐるみのくせにダンスでもしておれば、それが全然わからないでいるまでじゃ。

坐禅している時には蚊一匹とんできても「やっ、くいついたな」とよくわかるが、ダンスしておる時には、ノミがキンタマにくいついておってもわからず、夢中になって踊っておるやないか。

＊

ある居士《こじ》いわく、「わたしは以前から坐禅しておるのですが、どうも坐禅中煩悩妄想がわいてきて仕方がありません。それであの空襲のころ、一度近くにどんどん爆弾が落ちているとき坐禅してみました。そしたらその時の坐禅は少しも煩悩妄想がおこらず、あの時ぐらい坐禅らしい坐禅をしたことはありませんでした。けれどその後の坐禅はやっぱりだめです。なんとかあの時のような坐禅をする仕方はないものでしょうか」

老師いわく、「それはありますよ。それが公案坐禅です。公案を与えておいてわんわん言って責めたてる。そうすれば煩悩妄想をおこしている余地がない。――そのかわりそれがすむとまたもと通り。つまりその間だけ、ちょっと煩悩妄想を片よせておくにすぎぬ。――道元禅師の祇管打坐《しかんたざ》は、その点バラでいって、自分の本当の姿を見させる。みにくい自分の姿がありありとわかる。いつもブツブツ蟹が泡をふくみたいに、いろんなことが頭に浮かんでくる姿がようわかる。ところがこのように煩悩妄想にみちみちた自分の姿がようわかるというのは、じつは坐禅している功徳なので、何かひとつこと一所懸命やっておれば何にも考えない。芸者片手に抱いて酒を飲んでいる時など、ノミ一匹くいついておってもわからぬ。つまりあらゆる思いが一時片づいているのである。ところが坐禅しておればノミ一匹食いついておれば、わかりすぎて仕様がない。それは麻痺しておらんからじゃ。透明にはっきりしておるからじゃ」

＊

生きているかぎりは、いろいろな心理作用がおこるのは当たりまえじゃ。

＊

坐禅しておる時、いろいろな思いが浮かび上がってきて「これでよいのかしらん」と思う。しかし「これでよいのかしらん」と思うのは、坐禅が自性清浄《じしょうしょうじょう》で、この自性清浄ににらまれればこそなのであって、もしわれわれ酒飲んでステテコ踊りしておったら、そんなことはわからないでおる。

＊

坐禅は仏と凡夫の統一である。その仏の目から見ればこそ、本来自分が仏であるにしては、あのあそこがお粗末だなということがようわかるのである。

＊

妄念を気にするのは、「凡夫」が気にするだけである。

＊

グズグズ言うな。よそ見せんと、ただ坐れ。

＊

「船子和尚、薬山にあること三十年、ただこの事をあきらめ得たり」（『正法眼蔵三百則』上）――何をあきらめたか。――「オッと坐禅じゃ」ということをあきらめたんじゃ。

13　坐禅していい境涯になってきたと言うあなたへ

坐禅がありがたいと言えば、まだまだ。――「お陰さん」とも何とも言わず、ナントモナイ所に不染汚《ふぜんな》の坐禅がある。

赤ん坊が、お母さんに「毎度ウンコたれて、えらいお世話になりますなあ」などと言うたらおかしいやろ。――不知なり、不識なり。何とも知らないでもいい。

坐禅によってメーターあげたとか、よい境涯になったとか、胆力が坐ったとか――そういうキタナイものがついてまわってはならぬ。

＊

うれしいとは、「思うツボにはまった」というだけのこと。

＊

われわれみんな本来の面目を、ソロット放っておけばいいが、その冷暖を知ろうとして手をつっこむものだから、濁ってしまう。

＊

仏法で一番イヤラシイとするのは染汚《ぜんな》ということである。重役とか社長とか会長とか――そういう顔するのが染汚である。

この染汚が清められること――それが祇管《しかん》である。

＊

無神通菩薩というのがある。これは修行や悟りなどという言葉さえも忘れてしまったボサツ。神通力など珍しくないボサツ。寸法の測れぬボサツ。肩書など問題でないボサツである。

＊

坐禅しておるとクックックッと寒暖計があがるように――「もう少し」「あっ来た、サトッタ」というようなものではない。

坐禅はいつまでたってもナントモナイものである。なんとかあるなら半気狂いである。

＊

坐禅まで利口ぶろうとして、寒暖計があがるようにクックックッとあがって、「ああいい所へ来た来た」と思って、やっている奴がある。しかしそれでは坐禅にならぬ。

そうではない。祇管《ただ》するから坐禅なのである。

念仏でもそうじゃ。念仏をつみあげて、極楽へゆくのではない。ただするから念仏である。

仏さんと同じことを、ただするのである。

＊

坐禅というものはツミアゲルものではない。親鸞聖人も「ツミアゲル念仏」を捨てられたのじゃ。そうして「ツミアゲル修行」を、真宗では「自力根性」と言う。

「おれものう、若い時分にはのう、ずいぶん正直者であったから、このごろは正直者をやめて、チョクチョク他人《ひと》のものを盗ることにしたがや」

——そんなため置きはきかぬ。

＊

うっかりすると仏法を階段のぼることのように思うてしまうが、そうじゃない。いつでも今、一歩ふみだしたところが一行一切行《いちぎょういっさいぎょう》、一切行一行《いっさいぎょういちぎょう》である。

＊

小乗とは自他の心をおこした所にある。小乗の解脱はつくりものである。

＊

「修行を済ました」という。——宗教というものから考えてみると、この「済ました」ということのオカシサがようわかる。

＊

「後生《ごしょう》願いと栗の木には真直ぐなのはない」と言う。よいことしているつもりで念仏しておるのじゃから、こうなると手がつけられぬ――それにサトッタ男と。そこで真宗《しんしゅう》で言う、「ひきやぶり、ひきやぶり、またひきやぶり、そのひきやぶりたりと思う心もまたひきやぶり」

＊

仏法のサトリと言えば時間空間いっぱい、天地いっぱいのものでなくてはならぬ。キンカンやホオズキみたいなサトリを一つや二つサトッテも屁でもない。

＊

ええことすると、「ええことをした、した」と、ベッタリそれがひっつく。サトレば「サトッタ、サトッタ」と、またこれがベッタリひっつく。ええことしたり、サトッタリせんほうがええんじゃ。――サッパリしておらねばならぬ。足をおろしてはならぬ。

＊

うっかりと立脚地をさだめてはならぬ。

＊

凡夫が仏道を見れば、どれだけいっても、仏法で「人間のネウチをつけよう」とするばかり。

＊

修行がマチガッテおるなら、悟りもマチガッテいることは言うまでもない。

＊

非思量とは胸算用なし。

＊

仏法では不染汚《ふぜんな》ということを微細にふかく参究せねばならぬ。どこからどこまで染汚で、どこからどこまで不染汚と、キマッテいるものではない。

＊

浄穢《じょうえ》という二つがあるなら、浄穢がケンカする。浄穢そのものを超えねばならぬ。

＊

坐禅はええな。坐禅は大死人の姿じゃから。

14　絶対悟ってやると意気込んでいるあなたへ

われわれはサトリをひらくために修行するのではない。
サトリにひきずりまわされて修行するのである。

＊

われわれが道を追うのではない。仏道からわれわれが追いかけられているのである。

＊

学問したり、スポーツしたり、サトリだとか迷いだとか――坐禅までサトリのマラソン競走して、手をつっこむつもりでやりおるから間違ってしまう。

いらいなぶり(もてあそび)なし――そのとき、宇宙とつづいた本来の面目がある。

＊

道を求めると言うても、我見我欲が道を求めているのでは仕方がない。

サトリを追うのも、マヨイを嫌うのも、同じ相場のものでしかない。

＊

坐禅して「ホトケになろう」、「サトリをひらこう」というのも、「モノを追って歩く」ことである。

＊

坐禅は、「ホトケになろう」、「サトリをひらこう」ということもヤメルのである。

＊

もの足りようで追いかけるのではなく、いつ、どこでも「ゆきつくところにゆきついた」境涯が「非思量」である。

＊

仏法は人間のもがきで得られるようなものではない。

＊

「神を見ねばならぬ」（見神）ということも「悟らねばならぬ」（開悟）ということも——そのグループ以外の世界から見たら、ケッタイなこっちゃ。

＊

仏法は個人の解脱ではない。だから釈尊も「我与《われと》大地《だいち》有情同時成道《うじょうどうじじょうどう》、山川草木悉皆成仏《さんせんそうもくしっかいじょうぶつ》」と言われる。

メイメイ持ちのサトリを得ようというのは仏法ではないんじゃ。

＊

人間はサトリまでメイメイ持ちをほしがる。

＊

仏法とは無我である。

我とは「メイメイ持ち」ということである。ところが坐禅してまで「メイメイ持ちのサトリ」をひらこうとするから間違う。

メイメイ持ちでないことが無我というんじゃ。

＊

メイメイ持ちの自分だけが、サトリを得、安心を得たいと考えておる。――貴様ひとりのために仏法はあるんじゃないぞ。

＊

うっかりするとメイメイ持ちのものが一番大切なものかと思う。そうして宇宙いっぱいのものを忘れてしまっている。

＊

サトリと言うと、サトリというメイメイ持ちになってしまうので、「サトリとも呼ばれぬもの」

がサトリだと言いなおされねばならなくなる。

＊

ホトケに成りたい？　ホトケになんぞ、ならいでもいいんじゃ。
今が今、自分が自分すればいいんじゃ。
ここを捨ててどこへ行くというんじゃ。

＊

坐禅しながら仏になろうと思うのは、たとえば故郷へ帰るのに、早く帰りたい早く帰りたいと、汽車に乗っていながら汽車の中でかけだしているようなもんじゃ。

＊

修行してサトル――これは世間の考えである。しかしどのお経を見てもそうではない。どの仏も修行して仏になるのではなく、はじめから仏だったのである。

＊

これから修行してサトルのではない。

われわれ人間、だれでも大昔、久遠の昔からだいたい何の不足もないホトケなのである。それをいつのヒマやら置き忘れて迷って悩み、大騒ぎしておる。われわれの修行とは本来悟っている久遠《くおん》実成《じつじょう》の仏を行ずるだけである。

＊

坐禅のとき「作仏《さぶつ》をも図《はか》らぬ」というのが仏祖正伝《しょうでん》の祇管打坐《しかんたざ》である。

それをもし、坐禅の外に、向こうに仏やサトリを置いて、これを追いかけるならば神我外道《じんがげどう》となる。仏を行ずるから「行仏《ぎょうぶつ》」である。仏を向こうにみとめるなら、すべて神我外道である。

＊

「仏道とは何か？——仏に成ることだ」——そんなことはウソじゃ。

仏道とは、仏道をただ行ずることである。

＊

仏になろうとも思わず坐るのが坐禅である。

＊

坐禅している時には、自分が成道しているとも何とも思わなくとも、成道しているのである。

＊

『法華経《ほけきょう》』のことを正しくは『妙法蓮華経』と言う。妙法においては因が果である。修行がサトリである。

これを蓮華にたとえる。蓮華の花の中には実がある。その実を割ってみると、ちゃんと捲き葉がある。そして枝がなく幹一本である。——これが仏法の坐禅の本筋じゃ。

修行してボッボッさとりをひらくのではない。修行がサトリであり、このサトリを行ずる――仏祖の坐禅を坐るのである。

＊

修行してさとりをひらくのではなく、「修行」がさとりなのである。一歩一歩が目的である。

＊

久遠のさとりは、刹那《せつな》の行の中にのみやどる。これを「父少而子老《ふしようにしろう》」（父である今という少《わか》い行が、久遠という老いた子をうむ――『法華経』従地涌出品）と言う。

＊

一途の修行をしているのに、サトリというひきかえがくるかどうか、わかるもんか。

＊

人間たいがいは魂がぬけている。日雇賃なしでは働かぬ。おだててもらわにゃ働かぬ。サトリというエサをおいてもらわにゃ修行もせぬ。――そんなのはみんな魂のない奴じゃ。――なにも『無門関』の倩女離魂《せいじょりこん》の話にかぎらぬ。

＊

青原行思《せいげんぎょうし》大和尚、六祖大師のもとにあって、六祖に問うた、「なんの所務《しょむ》か、階級に落ちざるべき」――世間では金持ちとか貧乏とか、エライとかエラクナイとか、みな階級がつく。そんな階級に落ちざるところ――これが仏法じゃ。

六祖いわく、「汝かつて甚麼《なに》をかなしきたる」――「いったいおまえはいつも何をしておるか」と聞かれた。

青原いわく、「聖諦《しょうたい》もまたなさず」――「サトリもしておりません」ということじゃ。

「聖諦すらなおなさず。なんの階級か、これあらん」とふかくうけがわれた。

――(『景徳伝燈録』五、青原章)

――坐禅の中では、エライもエラクナイもない。無階級じゃ。――しかしサトリをひらこうという坐禅には「階級がつく」。

＊

人間がサトッタら、人間の話である。

人間の話でないのが、坐禅である。

＊

身心脱落とは、メイメイ持ちの修行やサトリがのうなるこっちゃ。

＊

どうやら仏法を、人間の役に立てようと思うとる奴がある。世間で言う修養と同じくオレをエラクしよう、サトリをひらこうと、そういうつもりで修行している手合いじゃ。

人間的要求を捨てなければ、身心脱落でないことはわかっとる。

＊

自分の力で極楽へ行こうとしたら、四六時中ナムアミダブツをとなえていなくてはならない。では眠っている時はどうか。眠っている間に息がきれたら地獄へ真逆様か。――そうではない。尽十《じんじっ》方無礙《ぽうむげ》光如来《こうにょらい》に摂取しつくされて、もれる気づかいがないところで念仏申せばこそ、念仏なんじゃ。職工が品物つくるみたいな気で、いくら念仏しても、坐禅したりしてもダメじゃ。

＊

仏法というものは不可得じゃ。ツカムものではなく、ハナツものじゃ。それをツカミながら地獄へ行くんじゃね。どうせツカンダッテ、馬糞みたいなものをつかんでおるだけじゃ。ナンゾにするのが流転輪廻のモトである。

＊

仏法はいつでも不可得《ふかとく》、無所得《むしょとく》。――ところが「何かを求めうる」と思うので、いつの間にやら、マチガッテしまう。

＊

迷いがあったり悟りがあったりするのは世間話だ。可得《かとく》の法でしかない。仏法は不可得の法、「非」である。

＊

仏道修行は迷いもなし、悟りもなし。――迷いと言うても悟りと言うても、人間沙汰である。悟りと迷いと分別するのじゃから、人間の沙汰なのである。見聞覚知《けんもんかくち》はどこまでも見聞覚知であり、分別揀択《ふんべつけんじゃく》はどこまでも分別揀択であって、仏法ではない。仏法は迷いを捨てて悟るのでない。逃げたり追うたりせぬのが坐禅である。

＊

仏教とは無限ということであり、無限がわからぬかぎり仏教はわからぬ。ところがこのワカル、ワカラヌということが、もはや無限から遠いので大変じゃ。――だからサトリのほかに迷いがあるのでなく、迷いのほかにサトリがあるのでない。

15　俺は悟ったぞと言いたいあなたへ

好肉上に「サトッタ」と入墨して歩いたらどうか。胃を忘れているのが胃の健全なることである。サトリ、サトリと忘れられないのはサトッテおらぬ証拠じゃ。

＊

サトリをひらいて「おれが偉い」と思うておるのなら、皮袋《ひたい》(肉体をもつ自分のこと)を誇っているのでしかない。

＊

凡夫がサトリをひらくのを禅天魔という。つまりめいめい持ちの人間がエラクなるからだ。

＊

「サトッタ」と言うても、よう悪魔が通力を得たにすぎん場合がある。

＊

悪いことをしていると思っているなら病いも表面的だが、サトリをひらいたということを、悪いことをしたとは思っていないのだから、この病いは膏肓《こうもう》に入っている。

＊

よう家内中から嫌われているのに、自分だけは正しいと思っている人がある。自分だけ正しいと思っているのではダメだ。――いわんや家内中から嫌われながら、オレはサトッテいると、サトリをカド張らせている居士《こじ》なんぞはね。

＊

「サトッタ」という名のつく迷いは、どうにも度《ど》し難い。

＊

厳陽尊者《ごんようそんじゃ》(嗣趙州)、趙州《じょうしゅう》に問う、「一物不将来《いちもつふしょうらい》の時いかん」――「わたしは無になりきって何も持っておりませんが、どうですか」

州いわく、「放下著《ほうげじゃく》」――「そんなもの捨ててしまえ」

厳いわく、「一物すでに不将来。この什麼《なに》をか放下せん」――「何にも持っておらんのに何を捨てるのですか」

州いわく、「恁麼《いんも》ならばすなわち担取《たんしゅ》し去れ」――「そんなに持っとらん持っとらんと言うのなら、背負《しょ》ってけ」

――(『五燈会元』四、厳陽章)

修行がカド張ったものであってはならぬ。さとりがそうカド張っていてはウソものであることに間違いはない。

*

ごく浅薄な奴は、巡査にひっくくられなければ、自分が悪いことをしていることを知らぬ。——おれは迷うておるということさえもわからぬのが凡夫である。

*

正気でゆかねばならぬ。サトリとは素面になるこっちゃ。正気になるこっちゃ。正気になればなるほど、自分のお粗末なことがようわかる。

*

豁然大悟《かつねんたいご》とは、従来の概念が瓦解《がかい》することである。——悟りとか迷いとか。

*

迷いと悟りと、どれだけ違うか。じつは同じものを迷っており、同じものを悟っておるのである。

*

サトリとは仏法が実物となることである。

仏教というのは妙な教えで、「諸仏衆生平等の自性」と言う。それで向こうに仏があるというのでは仏法にはならぬ。

＊

「われと仏とスキマがなく、なんともない」という所までいっていないと、人間、気がねがいり、くたびれ、ゆきづまる。

＊

自分の本当の帰着点はいったい何か。――みんな道連れなし。まったく余人所不見《よにんしょふけん》――自分ギリの自分の行きつく所がなければならぬ。

＊

「一生参学の大事ここにおわりぬ」ということは、仏道が実物となることじゃ。身についてくることじゃ。

＊

悟りとは迷いのおわりではない。

＊

仏法というものは途方もないもので、「悟った」と言うたら、ちょっと通りこしておる。「悟らぬ」と言うたら、まだ少し足りぬ。

＊

大悟とは「実物」ということである。

＊

サトリに階級をつけるのはマチガイ。

修行がサトリなのである。

＊

タダ坐禅。タダ念仏。——この「ただ」ということが、凡夫にはツマラナク思える。凡夫はいつでもなんぞツリがほしいんじゃ。

＊

祇管《しかん》(ひたすら、ただ)ということが大切である。タダする。——何のためにする？——何のためでもない。何の駄賃もない。タダする。

＊

竜牙和尚《りゅうげ》に、あるとき僧が「古人はこの什麽《なに》をか得て、すなわち休し去る」と問うた。竜牙いわく「賊の空室に入るがごとし」——泥棒が空家へ入ったようなものだと。——泥棒が空家へ入ったのじゃから、盗ることもいらぬ。逃げることもいらぬ。追いかけてくるものもない。——ナンデモナイ。——このナンデモナイということを、よく承知せにゃ。

——（『景徳伝燈録』十七、竜牙章）

＊

サトリとは泥棒が空家に入ったようなものじゃ。入ってはみたものの、盗《と》る物がない。逃げなくともいい。追いかけてくる者もない。——だからはなはだモノタリナイ。

＊

「サトリ」——そんなアザトイ名前で言うべきことではない。

＊

サトリ、サトリと——ほんに、ちっさいものをサトリと思うているが、そんなものは意識の問題で、意識がちょっと変化したら、もう何でもないものになってしまう。

＊

サトリというものは天地にみちみちているものである。空気のようなもので、われわれ日々呼吸している。これからサトルものではない。

＊

お釈迦さまはおれだけ悟ったとはおっしゃらぬ。有情非情同時成道なのだから。

ところがみんなは、そんな連帯的サトリでは物足らぬ。個人もちの悟り、ご利益《りやく》が好き。——つまり「我」が好きなのだ。

＊

よう「これでようございますか、ようございますか」と見解《けんげ》を呈してセガム奴がある。

他人に問う間は本物でない。

他人に証明されて、サトッタつもりになっている奴もおる。

他人に問わいでも、自分が「ゆきつく所へゆきついたら」いいじゃないか。

＊

「酒を飲むと酔う」と聞いて「なるほどそうか」と思うて、酔っぱらいのマネをし、酒を飲んだつもりになっているようなサトリがある。

＊

「サトリ」と名のつく技術——しかし仏法、信心は技術ではない。

＊

クセのついていない行を嬰児行《ようにぎょう》と言う。だからクセをつけてサトッタと思うのは大間違いじゃ。

＊

サトリとは決して面倒な所へ行くのではない。当たりまえになることである。

＊

アタリマエ——だから坐禅するよりほかなくなった。

Ⅲ

16　科学や文化の発達をすばらしいと思うあなたへ

今の科学的文化は、人間のもっとも下等な意識をもととして発達しておるにすぎぬということを忘れてはならぬ。

＊

文化、文化と言うけれど、ただ煩悩《ぼんのう》に念が入っただけのものでしかないじゃないか。煩悩のシワが、いくら念が入っても、仏教から言えば、進歩とも文明とも言わぬ。いったいいま進歩、進歩と言うが、どっちゃ向いて進んでいるか。

＊

このごろは文化、文化と言うて、何やらしらんと思うたら、エロ的音楽たら、舞踊たら、文学たら。――すべてみな六賊の話ばっかりじゃ。――煩悩をかきたてておいて、「ヤレ青少年が悪いことをする」とか、「教育者は何をしておるか」とか。

信仰とは「澄浄《ちょうじょう》」の義――シズマルこっちゃ。

＊

芸術、芸術って、何やしらんと思ったら、男と女が吸いつくようなことばかり——あんなのは情欲を激発するばかりじゃ。

＊

人間ぐらいなやましい動物はない。複雑なエサを食いやがって、何をやっておるのかと思えばダンスでもやりおる。

＊

妙な科学なんか発明して水素爆弾やらミサイルやら、——あいうちしよる。

＊

昆虫を箱の中に入れて見ていると、その中で一人前の気でカミアイしておる。人間も原爆やら水爆やらつくって——これを宇宙の彼方から見ていたら、さぞおもしろかろう。

＊

こんなに利口ぶって、こんなにバカになってしもうたのが、人間というバカモノである。

＊

人間は複雑になりたがる。簡単になろうと努力しても複雑になってゆくのに、あべこべに複雑になろうと努力するテアイもおる。

＊
今の時代はアリギリの知恵を出して、そうしてユキヅマリおる。

＊
智慧とは、行きつくところへ行きついた判断を、つねに持つことである。

＊
昔の奴も阿呆じゃったね。ドエライ金と労力をつかって城をつくり、それで何にするかと言うと、けんかするためじゃったのだからね。

今の奴はもっとバカじゃね。原爆だの水爆だのまでつくって、ボタン一つ押して、ペロッといっぺんに人類を殺してしまおうというのだから。

＊
科学の発達のわりに、人間がちっともエラクなっていないのはどういうわけか。

＊
アメリカも凡夫《ぼんぷ》、ソ連も凡夫、中国も凡夫。——凡夫と凡夫のセリ合いなのだから恐れ入る。いくら容積が大きゅうても、——石炭ガラがいくら積んであっても石炭ガラである。

＊
科学は人からのモライモノの上にツミカサネがきくからどんどん進歩しよる。それに反し人間そ

のものは、人からモライモノできぬし、ツミカサネもできぬから、ちっとも偉うならぬ。だから頑是ない餓鬼が凶器をふりまわすような格好になって、危うて仕様がない。

＊

あほが電子計算機をあやつり、ノロマがジェット機に乗り、気違いがミサイル発射のボタンをにぎっておる――それが今日の問題なんじゃ。

＊

仏法とはモライモノで日暮らしするものでない。科学が進歩するのは、先代からのモライモノにツギ足シするからである。仏法はモライモノで日暮らしするような根性、了見をたたきおとすものである。

＊

原爆、水爆は味方を救うことができても、敵を救うことはできぬ。敵も味方も救うことができるのは坐禅のみである。

＊

よう人間のため、人間のためと言うが、こんな人間なんかすべてねじ殺してしまって、みんなホトケにしてしまうことこそが肝要なんじゃ。

＊

人間の役にたつものは、みんなゆきづまる。

＊

人間で相場がつくようなものなら、相場が狂うに決まっている。相場の狂うものを有為法という。

ツクリモノということっちゃ。

仏とはツクリモノなし。

＊

偽《いつわり》とは人為（ツクリモノ）ということだ。ところが今の文化とは、この人為のことだと思うておる。

ツクリモノの世界は、いつでも変わるに決まっておる。文化とはツクリモノが発達したにすぎぬ。だから文化とは悲劇である。

どこへいってもマチガイのないもの——これこそ生命あるものであり、かぎりない幅を持つものである。

＊

ヨーロッパ人の発明、考えは、みな遊びごとばかりで人生とは何のかかわりもない。

＊

しずかに落ち着いてよく読んでみれば、マルクスもエンゲルスも「餌の分配」の話でしかない。

＊

たとえば世界中の人間がみな共産主義者になったとしても、みんな個人個人が大自在を得ていなければ、モメはおさまらぬ。各自が大自在を得ていなければ各自安心を得られるはずがない。

17　他人《ひと》と意見が合わなくてと言うあなたへ

「ボクの考えでは」とよう言うが、その「ボクの考え」なんか、どうせダメなのだ——黙っとれ。

＊

よう「おれをだれじゃと思うとる」と言う奴があるが、どうせ「凡夫じゃ」と思うとるだけじゃ。金持ちを自慢する奴やら、地位を自慢する奴やら、サトリを自慢する奴やら。——このごろの者はアタマが悪いかして、よう凡夫たることを披露しよる。

＊

なんやら人間にはいつも忘れられぬものがある。金がありやがると金があると思い、頭がいいと頭がいいと思い、器量《きりよう》がいいと器量がいいと思って忘れられぬ。そしてこれが門口に出ばって邪魔しよる。

＊

この皮袋一重《かわぶくろひとえ》（肉体のこと）の店番をしておるから、おれの方が金持ちじゃとか、美人じゃとか、何とかかんとか言うておるが、死んでみれば、三界一心じゃ。——めいめい持ちは何にもない。

＊

「おれ」と言うて、いったい何年つっぱれるか問題である。死ねばすぐこの肉体は品物になってしまう。

＊

月ひとつでも、嬉しい月もあれば悲しい月もあり、月見酒ということもある。——どれも人間の見る月は業識相応《ごつしきそうおう》の月であって、どれもこれも本当ではない。

＊

新聞ひとつ見るのでも、みんな見る所は違うじゃろう。株式相場を真先に見る奴やら、スポーツ欄を真先に見る奴やら、小説を見るもの、政治欄を見るもの——みんなおのおの違う、人間の思いで見ればみなこのように違う。分別妄想すればみな違うのじゃ。

人間の分別妄想せぬ所ではじめて、万人共通の世界がある。人間の考えでないから、メイメイの見た所でないからじゃ。

ところが人間という奴は、「考えに考えたうえ」マチガウ。

＊

よう「この目で見た」と確かそうに言いよるが、その目がアヤシイんじゃ。凡夫の目じゃないか。

＊

自分の今、見ている世界を真実じゃと思うておるから間違う。みんなおのおのの業感でながめているのでしかない。猫の見ているのと、わしが見るのとでは違う。便所に入ると、蝿の千分の一ぐらいの小ちゃな虫がおるが、あの虫はいったい何を考えているか。わしと同じじゃない。世界観も社会観も、あの虫とわしとでは違う。——そういう業感から見た見方をすべてやめてしまったところにこそ真実の世界がある。

＊

人間の頭にはコリカタマリがある。〇〇主義などというのは、〇〇にコリカタマッテいるということだ。それでどれだけ仏法が近くにあっても見ることができぬ。このコリカタマリがあるからじゃ。

＊

「平和、平和」とカドバッテいるが、黙っているのが、もっと平和である。

それを「ボクの思想では……」とかなんとか、思想とか組織とかで対立して、モメをおこしておる。

＊

人間という奴は、その時の法令にだまされて善悪というものがあると思うておる。しかし仇討《あだうち》は昔は罪でなかったが今は罪。姦通は昔は罪だったが今は罪でない。

＊

われわれはウマイとかマズイとか好き嫌い、善い悪い——みんな二つあると思うている。それでは本当に二つあるのかと言うと、本当はそうでない。実物は一つである。そうしてしかも、この一つも空である。

＊

宇宙にものは二つはない。

——それを好き嫌い、善悪、正不正と二つを見るのは、各々業感によって見るからである。それでみんな見る所によって異なるだけである。

＊

みんな業感で異なる。幸福と言うたって、苦しみと言うたって、うれしいと言うたって、悲しいと言うたって——みんな業感の話で、みんなそれぞれ別々じゃ。それを自分の見た所だけがホントのこっちゃと思うているから困る。

婆さんが孫に言うて聞かしておる。本当のことを言うているつもりで、ちっともホントのことではない。

＊

ものを言えば、みな迷いの披露でしかない。ただ因襲と迷いでものを言っているだけだ。愚人の心は口にあり、賢人の口は心にある。

＊

人間というものはアタリマエでいいのじゃけれど、そのアタリマエのうえに、もう一つワクをはめて考えている。

——それがメイメイ持ちの勝手なワクじゃからおさまらぬ。

＊

人間の意識というものはみな違う。みな一緒じゃない。これ、メイメイ持ちのものなんじゃ。

＊

自分というものはキマッタものではない。「わしの心はこんな心」——そんなもの、ありゃせん。わしも坊主になったればこそ、仏法の言葉をなんたらかんたら言うておるけれど、これがもし侠客の親分にでもなっていたらどうか。——「野郎バラシちゃえ」ぐらいなことを言っていたに相違ない。

＊

歴史あって以来、喧嘩《けんか》の絶えたことはないが、どんな大きな戦争も、その根源はイガミアウという心である。

人殺しを一番大げさに、大っぴらでやるのは戦争である。

　　　　　　＊

戦争とは妙なもので、蝿がバイキン運ぶように、伝染病も文化も運んでくる。

　　　　　　＊

ともに是れ凡夫なるのみ（「十七条憲法」）――凡夫のすることじゃから、敵であっても味方であってもみんなマチガイ。勝っても敗けてもどうせ「ともに是れ凡夫なるのみ」――世界中の大騒動みても、じつにアワレナものである。

　　　　　　＊

まるで正気じゃないね。ノボセた奴が刃物持ったり、飛道具持ったり。

　　　　　　＊

世界中が業報《ごつぽう》のために追いまわされておる。業報というのは、無明《むみよう》（わからぬ）のままに動くから生ずる。

　　　　　　＊

「水引きの喧嘩なかばに俄雨《にわかあめ》」

旱天《かんてん》で、田に引く水のとり合いで喧嘩の真最中の俄雨じゃ。水引きという条件だけの喧嘩じゃから、そこへ雨がふってくれれば、もはや問題はない。

別嬪だってヘチマだって、八十まで生かしておけば同じこと。――洞然明白《とうねんめいはく》というのが本来の姿である。

18　毎日、忙《いそが》しい忙しいと言っているあなたへ

人間という奴《やつ》は、退屈せんようにのみ、つとめよる。

＊

たいていの人間は忙しい、忙しいと言うておる。何で忙しいかと言えば、煩悩に使われて忙しいだけの話じゃ。

坐禅しておればヒマである。天下一のヒマ人になるのが坐禅人である。

＊

ちょっとうっかりしておると、人間「食うこと」だけが大騒ぎとなってしまう。忙しい忙しいと言うて、何のために忙しい。――食うために忙しい。――ニワトリも忙しそうにエサを食うているが、あれは「人間に食われるために」食うておるのじゃ。

＊

人間一生のうちに、どれだけの煩悩をおこすか――勘定《かんじょう》しきれるものではない。毎日毎日、ああ

したい、こうしたい。――ちょっと散歩してきただけでも、煩悩の五万や十万はおこしておる。――これを「ご多忙さま」という。

アイタイ、カエリタイ、カオミタイ。

＊

人間という奴は、いつもフウフウ言うて、なんぞ幻影を追いかけまわしている。

＊

此処《ここ》を逃げて、彼処《かしこ》へ行こう――これが流転である。

＊

交通機関が発達して地球も狭うなったな。しかし慌《あわ》てて車で走りまくって、いったい何をしておるかというと、パチンコやっとる。――むだな時間のためにスピード出しておるにすぎぬ。

＊

麻雀《マージャン》で夜明かしして、「ゆんべは麻雀で夜明かしして」と、目を真赤にしながら、パンビタン飲んで、翌日一日泣き泣き頑張っている奴もおる。

＊

世界はいつでも大騒動しておって止むところを知らぬ。――「ヤレ凡夫じゃな」と言うよりほかはない。

＊

古則ではよく「什麼《なに》の処より来《きた》る」という問いを発しているが、これは場所を聞いているのではない。いったいみんな「什麼の処より来る」――たいがいの人間は、色気にフラフラ――それは色気よりきておる。金気《かねけ》にクニャクニャになっているのは金気よりきておる。「どうぞよろしゅう。どうぞよろしゅう」――これは名誉欲からきておるんじゃ。

＊

「あれもせんならん。これもせんならん。――こうしちゃおれん」と言うて、ノイローゼにかかっている奴があるな。――じゃ、どうするんじゃ。――どうせんでもいい、じっとしておればいいんじゃ。

＊

人間の仕事を何もせぬのが坐禅である。

＊

実業家や大官連中などは、忙しい忙しいと言いながら、二号や三号の所へ、万障くり合わせて「手いれ」に行きおる。「ただ志のあるなしによるべし」じゃ。

＊

逃げてもかぎりなく、追うてもかぎりはない。現在ぐずぐず言わずただ坐禅している――太尊貴《たいそんき》生《せい》なるは結跏趺坐《けっかふざ》じゃ。

＊

だいたい世の中のことは「雲、無心にしてゆく」ようなものである。「早くゆかねばならぬ」とも何とも言うてはおらぬ。ただ無心に動いている。

＊

すべて因縁生無自性《いんねんしょうむじしょう》で、たとえば雲のようなものじゃ。「ある」のでもなければ、「ない」のでもない。しかし「ある」のでもある。「ない」のでもある。——それなのにみんな「なんぞ」に、コメカミに力を入れてやっておる。

＊

坐禅の内容に浮世をあらしめれば仏法も豊富、人生も豊富じゃ。——ただの浮世の苦労をいくらしたって、人生を豊富にするものではない。

19 エリートコースをはずされ落込んでいるあなたへ

死んでから人生を考えてみれば「どうでもよかった」のである。

＊

「ダンナイ、ダンナイ（なんでもない、なんでもない）。泣かんかて、ええ。泣くようなことあらへんがな」

――ちょっとオトナになって、見てみるならば、何も大騒ぎせんならんようなことは一つもない。一切衆生は、コドモじみたところで大騒ぎしおるだけじゃ。

＊

世の中、ナンデモナイのに大騒ぎしておるだけじゃ。何にも大騒ぎするようなことはありゃせん。そう泣き顔せんならんようなこと娑婆にはありはせんのじゃ。

＊

芝居にも「どうしよう、どうしよう、どうしようぞいなあ」というセリフがあるが、わたしなぞは「どうしようぞいなあ」というようなことが回り合わせてこんなあ。
——「どうでもいい」と思うておるから。

＊

吉凶《きっきょう》禍福、是非善悪などすべて見たとおりでない。思ったとおりでない。われわれこんな吉凶禍福など、すべて超越せねばならぬ。

＊

世間のことはみな業報《ごっぽう》の中のこと。

＊

人間の知識は煩悩《ぼんのう》と業《ごう》の窓口からのぞいた世界でしかない。
最後の世界は、この煩悩と業から見た世界をすべて「やめる」こっちゃ。」

＊

業の世界を出るべく、業をもってあがいてはならぬ。

＊

煩悶《はんもん》、煩悶というて、べつに煩悶というカタマリがあるわけではない。ブリッとひった屁《へ》を手でにぎりしめて、それを「ああ臭さ」と、いつまでも嗅《か》いでおるようなもんじゃ。だから生活の余裕のある奴にかぎって、このニギリ屁が多い。そんな奴には、もっと大きな煩悶を聞かせてやればいい。

——煩悶して首をくったり、水に飛び込んだりするなど——だいたい話が浮いている。

＊

苦しみとは自分勝手に苦にするのでしかない。自分で苦労を組みたてて苦しんでいる奴もある。

＊

人間の心には毎日波風が立っておる。その波風を文章に書いて売っているのが、小説家という妙な商売である。

＊

すべて内向させるから大変なことになる。無心なればすべて無事じゃ。

＊

随順せねばならぬものに随順しまいとするところにナヤミが出てくる。

＊

信仰ということも非思量ということも、「随順する」ということである。何に随順するか？——随順とは「長いものにはまかれろ」ということではない。

＊

必然に向かって文句なしに受け取るのがサトリである。大悟とは、「必然が必然と決まったこと」

である。必然とは宇宙とつづきだからである。

＊

よく死ぬことを心配する奴がある。——「いや、心配するな。——死ねる」

20 幽霊や霊魂の話が好きなあなたへ

よう「幽霊というものがこの世にあるものですか、ないものですか」などと質問する奴があるが、そんなことを考えておる人間を幽霊と言うんじゃ。

＊

亡者が出てくるとよう言うが、それも生きているものがある間だけのことで、もし生きているものがなくなると、亡者も化けて出てこない。亡者は生きているものの道具であると、『二十唯識《にじゅうゆいしき》』には出ている。

＊

魂《たましい》を見たとか、人が死んだとき夢を見たとか――いつもそんなこと言うておる人間もあるが、これまた流転輪廻の一コマでしかない。

＊

なにもかも幻影ではないのか。それを幻影を幻影とわからないために、流転輪廻してるだけではないのか。

＊

みんな夢を見ている。——そのメイメイ持ちの夢の違いが問題である。

＊

夢を見ていながら、これは夢だとはなかなかわからぬ。頬っぺたをつまんでみたら痛い。——その痛いのも夢なんじゃ。夢と夢とのつきあいだから、夢が夢ともわからぬ。

＊

木に干してあるフンドシを幽霊だと思う——そんなことは、滅多にないことじゃと思うておるが、じつは「金がほしい」「大臣になりたい」「出世がしたい」などと思うことが、みんなフンドシを幽霊と思うておることなんじゃ。

＊

現実、現実と言うが、これみな夢である。夢の中での現実でしかない。

革命とか戦争とか言うと、ドエライことのように思うておるが、やはり夢の中のモガキである。

死んでみれば「夢だったな」とようわかる。

＊

それを、生きているうちにカタヅカナイのが凡夫というものである。

だれやらの切腹の時の歌に、

うつものも　うたるるものも　もろともに

くだけてあとは　もとの土くれ

というのがあるが、切腹の時になってこれではおそい。「くだけぬ時も、もとのつちくれ」でなけりゃならぬ。

＊

夢には予定もなければ、おさらいもない。同じく仏法も夢、説法も夢——夢中説夢じゃ。

＊

夢の中でいくらご馳走をよばれても、やはり夢じゃ。——栄養にはなっておらんもの。

＊

われわれ、自主意識の幻覚の中の自分を自分と思うておるから間違う。

霊魂不滅などと、新興宗教はよう言うが、これも自主意識の幻覚の自己でしかない。

本当の自分は、諸仏衆生平等の自性、心仏及衆生是三無差別である。

＊

めいめい持ちの心を自主意識という。

自主意識の幻覚でいい悪いを言っておるから、とんだ間違いになる。」

＊

意識に映った影を、またむしかえしてみるのを妄想という。

＊

生物のもっとも弱点とするところは幻覚を自ら描きだすことだ。

＊

人間というものは、たいがいはオドオドしている。

＊

『成唯識論《じょうゆいしきろん》』という書物には「内識《ないしき》転じて二分《にぶん》に似る」とあるが、たった一つの意識が動いて、主観と客観とがあるに似ており、その中でこれを追うたり逃げたりして大騒ぎがはじまるのである。

煩悩というものはオカシナもんじゃね。

＊

煩悩につかわれるということは、夢遊病者みたいなものじゃ。

＊

平々坦々としているような顔をしておるけれど、けっこう奥の方でムシムシムシムシしている煩悩がある。

＊

きのうの坐禅中に思い浮かんだ妄念を、来年になってから考えてごらん――「両箇の泥牛たたかって海に入り、今にいたるまで消息なし」（『洞山録』）じゃ。

21　金も不足、地位も不足、愛情も不足と言うあなたへ

天地も施し、空気も施し、水も施し、植物も施し、動物も施し、人間も施す。――施し合い。――われわれはこの布施し合う中にのみ、生きておる。ありがたいと思うても思わいでも、そうなのである。

＊

一切のものにケチをつける必要はない。

＊

だれでもみんな生まれさせられ、生きさせられているだけなのに、いつの間にやら自分のガマグチばかり守るようになる。

＊

愚痴とはこの五尺の身体にズボリこんだこと（それだけになって他が見えなくなること）。

智慧とはどっちゃへどうころんでも、「オレであるオレ」が智慧。

利害得失を考えるのが外道《げどう》であり。それにつけこむのは天魔じゃ。

＊

しみったれた顔して、やれ金がないとか、やれ食えぬとか、やれ借金だとか、——いつもブウブウ言っていてはつまらんね。貧乏性の奴は、より楽しもう、より結構な思いをしようと思うものじゃから、焦《じ》れてブウブウ言うておるだけじゃ。

＊

戦争中九州で炭坑へ入れてもろうたことがある。坑夫と同じように武装して、頭に電灯つけてエレベーターにのる。ブッーと。——グングン下がりおるなと思うているうちに、こんどはクックックと上にのぼるような気がする。電灯でそとを照らしてみると、なあにエレベーターはどんどん下がっておるんじゃ。

はじめ下がる時は降りていると思うのだが、速度が一定すると、そのツリだけは昇ってゆくような気がするのだ。——人生みなこの差引勘定のツリのところで迷うているのである。

＊

サトッタというのも差引勘定。マヨッタというのも差引勘定。ウマイというのも差引勘定。マズイというのも差引勘定。金持ちというのも差引勘定。貧乏というのも差引勘定。

貧乏人が貧乏しているより、今まで金持ちだった人間が貧乏する方がつらいに違いない。

＊

迷いというのは緩急の度合の錯覚である。

＊

実際に腹が減ってもおらんのに「食えぬ」と言う。――それだけで腹が減ってしまう。みんなコトバによってウナサレテいるのだ。名前でヤッサモッサやりおるのじゃ。

＊

オームに「わたしは楽しくあります」と教えてやった。ところがある時ランプがひっくりかえって火事になった時、オームはバタバタ飛びながら「わたしは楽しくあります。わたしは楽しくあります」と言いながら死んでしもうた。

＊

われわれいつも身心にだまされ、トボケすぎておる。

＊

浮世というのは、名前だけでワタリ歩いていることである。

生まれてくる時は、だれでも裸で生まれてくるやないか。――それを名前をつけて登記したり、着物を着せられたり、オッパイ呑まされたり、なんたらかんたら。

そうして大きゅうなってエライたら、強いたら、頭がええたら、金持ちたら言うて、――ただ名前をなぐさんでいるばかりじゃ。じつはみんな裸でしかないんじゃ。

＊

みんな世の中のことは、一時の蜃気楼《しんきろう》の寸法を測っているにすぎぬ。また北氷洋の氷で宝物をつくっているみたいなもので、少し時と場所を変えたらとけてしまう。

＊

地獄、餓鬼、畜生、修羅、人間、天上と――この六道は、ただわれわれの「ノボセの目盛り」じゃ。ほんとうにノボセが下がったら、仏である。

＊

過去の善悪業が、現在におしだされたのが、業感というものである。

その業感を通して見るのじゃから、この世の中が修羅道のようにも見え、畜生道のようにも見え、地獄道のようにも見える。

――品物は同じなのじゃけれども。

＊

だれでも仏性《ぶっしょう》というベットに寝ておりながら、いろいろな迷いの夢を見ているだけである。

＊

阿弥陀さまの方からは「おおそれでよし、よし。迷いの衆生は一人もおらぬ。アセアセ（あくせく）するな」と言うておるのじゃが、衆生の方では「いや、これではいかん」とワンワン泣きわめいておる。

＊

道心とは、「ひと」のために「おのれ」を忘れること。
無道心とは、「おのれ」のために「ひと」を忘れること。

＊

サトリとは損すること。
マヨイとは得すること。

＊

自分をすべて他のために捨てたところにのみ、自他の差別がなくなる。これを自未得度先度他という。

＊

自分がむさぼらぬという一事をもって、十方に供養する――これほど大きな供養はない。

＊

「くれ」と言うのでもないのに、施し恵まれる風景は、「むしり合いの世界」と違うて、じつに涼しい風景であり、じつに広大無辺なる風景である。

*

仏さんにいろいろな格好があるのは、慈悲の心をもって、いろいろな差別の涙をこぼすからである。

*

仏の無辺の慈悲とは、今言う「なさけ」とは違う。どっちへどうころばしても堕《お》ちようもない所を与えることこそ慈悲である。

*

大心とは仏心ということ。十二時中不依倚《ふえいい》一物《いちもつ》（一切時において完結し何ものにも依りかかるものがないこと――『広燈録』八、黄檗章）――地上の制約にとらわれぬことじゃ。

22　もう少し爽《さわ》やかに生きたいと願うあなたへ

少住為佳《しょうじゅういか》——ちょっと一服すればいい。人間をちょっと一服したのが仏じゃ。人間がエラクなったのが仏じゃないぞ。

＊

良寛さまがどこまでも涼しいのは、テをつかわぬからである。

＊

人間という奴、喜怒哀楽があって、それによって動かされている。それは平常心ではない。平常心とは「ウチ方止《や》め」である。好きもなし嫌いもなし、上手下手なし、よしあしもなし、うれしい悲しいもなし、これが平常心是道ということである。

＊

「如何是《いかなるか》レ不去不来底ノ人」。九峯云く「石羊《せきよう》対ス二石虎ニ一。相見早晩《しょうけんそうばん》休ス」。石の羊はガタガタふるえてもおらん。石の虎は食欲おこして飛びかかりもせん。——ここがええ。

思いでない所で向かいあっているこっちゃ。

*

アリノママが本当に手に入ったらどうか。――それが非思量《ひしりよう》ということである。非思量とは、思うことではない。「思っても、思わいでも」ということが、アリノママということじゃ。

*

「一切空」というのは、つきあたらず、ナントモナイということである。ナントカあるように思うのは、何かに酔わされているのである。

*

いつもどんなことでもナントモナイのがアタリマエ。このアタリマエをとり失うておるのが迷いである。たいていはアタリマエには見えぬ。たいてい一枚かぶせて見ておるからアタリマエでない。

*

仏法というものは、いずれにしても「アタリマエのこと」である。世間のことはアタリマエでないことばかりじゃ。勝った、敗けた、話し合いせねばならぬなど――みんなアタリマエではない。

*

「敗けることなし、勝つことなし」ということが大切じゃ。勝っても道を失わず、敗けても道を失わず。

ところが今の奴は勝っても調子づいて道を失い、敗けても道を失う。金を持っても道を失い、金がのうても道を失う。

＊

「こうして、こうすりゃ、こうなるぞ」というのは、娑婆の話で、仏法ではない。

よう「人さまの面倒をみておくこともな、人ごとじゃあらへん。うちにも子供もあることだで。――こうしておけば、いつか子供が面倒みてもらわんならんこともあるさかい」――これが娑婆の話である。

＊

「ナンニモナラヌことをタダする」――これは容易のことではない。これを行ずるのが、身心脱落、脱落身心ということじゃ。

＊

「登《リ》二刀山《ニ》一自《ラ》投《ズ》レ火《ニ》」とは、思いきって「自主意識の幻覚」を投げうつことじゃ。

＊

煩悩というても、けんかしたり女をひっかけたり――そういうアラケナイ(荒々しい)ものは、わかり切っているが、そんなアラケナイものでなく、微細な煩悩が問題だ。

アカヌケしたところでなければならぬ。

＊

心境如々《にょにょ》——モチモチしないこと。

アッサリしておること。本来無一物《むいちもつ》が本来無一物たることじゃ。——無一物中無尽蔵《むいちもつちゅうむじんぞう》。

＊

本来ないものなら、いくらあってもいいじゃないか。

＊

許外般《こたはん》（多く）の法あり——ザッと言うな。どんなのでもあるぞ。

＊

「空」とは何から何までということ。

＊

どの芋ころひとつでも他人じゃあない。どの茶碗ひとつでも他人じゃあない。

＊

「空」とは「空とも言わない」のが空である。

＊

天国と言えば天国というカコイができる。神も忘れた神、神すら失ったところに、真の神がある。

＊

「神には直接の名がない」と言うが、しかし「する」ことはできる。

＊
宇宙いっぱいのものを、即今即今、一切につくしてゆくことが三昧である。

＊
仏法では一ギリの一はない。有ギリの有もない。無ギリの無もない。
仏法では一即一切、一切即一であり、有即是無、無即是有である。

＊
だれやらが数学者に「一」というものがあるのかと聞いたら、じつは数学では「一」というものが「あることにして」それから先の話じゃげな。

仏教では「一」というものはない。「一は一によってあり。一もまた守ることなかれ」――一即一切、一切即一である。

＊
如々とは三世十方みじんも狂いのないことである。

＊
どこでも天地いっぱい。いつでも永遠。

＊
人生のすばらしい一刹那《せつな》を、いつでも今ここに活動することが、仏道の「行」ということである。

＊

修行とはツミアゲルものではない。何ものも手段というものはない。どの生活も仏行でなければならぬ。飯を早う食うて坐禅するのがいいのではない。働くために飯を食うのでもない。アタリマエに食えばよい。ただ飯の時は飯ぎり。飯を食うのが修行じゃ。

＊

「衆生済度」とか「修行」とか、そんなおかしなことを言わいでも、手の舞い足の踏む所どこでも、ゆきつく所へゆきついた物腰になりさえすれば、それでいい。

＊

安楽とは「よろこび」「たのしみ」「おちつき」であると面山和尚が言っておる。ゆきつく所へゆきついたのが安楽である。

「することをまっすぐにする」のが安楽であり、おちつきである。

＊

なにか自分に手形を持っているなら仏法ではない。空手還郷《くうしゅげんきょう》でなければならぬ。空手でなければ何ぞのクセがついているわけだ。仏法の極意は、「何の手形もなしに出発せい」というこっちゃ。

＊

すべてとりあわぬのが観無常である。

＊

現実、現実とやかましゅう言うけれど、現実といってキマッタものでない。諸行は無常である。

＊

過去心不可得《かこしんふかとく》、現在心不可得《げんざいしんふかとく》、未来心不可得《みらいしんふかとく》（『金剛般若経』）とは、過去はどこにある、現在はどこにある、未来はどこにある、ということっちゃ。

＊

過去心不可得とは過去はすぎ去ってなし。
現在心不可得とは現在はとどまらず。
未来心不可得とは未来はいまだきたらず――無常を言うのである。

＊

いかなるか無相底――無相底でないものはない。さりとて、無相を固定すれば有相である。逃げたり追うたりせぬのが無相じゃ。

＊

みな顚倒《てんどう》、妄想して泣いたり、笑ったり、怒ったり、喜んだり、祝賀会をやったり、拗《す》ねたりしている。顚倒さえしなければナントモナイ。

そこでよく頭をアンマしてもみほぐし、顚倒のないところで見ねばならぬ。

＊

アタマの皮がザボンの皮のように厚いとナンデモ入らない。兵隊軍人のように単純なアタマだとノビがきかない。ナンデモ入るアタマ。宇宙いっぱいナンデモ入るアタマ――それを無上道という。

＊

坐禅すればいいと言うても腹がへるから飯も食わねばならぬ。金もなくなるから托鉢にも出ねばならぬ。ところがややもすると一本調子になりたがる。しかしいくらよいことでも一本調子ではダメじゃ――一切のものにとらわれぬことだ。自在無礙《むげ》の問題である。

＊

仏道がカタになったらおしまいじゃ。

＊

差別のわからぬのはバカだし、差別が気になるのは凡夫だ。

＊

沢木さんのカワイイところは、いつでも提灯《ちょうちん》屋の才吉になれることだ。さあ出発という間際に、たくさん紙をもってきて、短冊《たんざく》何枚、色紙何枚書いてくれと言われる時など、腹のたつ時もあるが、たちまち才吉が日暮れにたくさんの注文をうけとった、その時のつもりになって書く。カラ財布で戻ればヒスのおふくろが待ちうけていて、五寸釘をさされるような気がしたが。――そんな日暮れに注文をうけた時には、腹は空いていてもうれしかった。

23 景気がいいのは医者と坊主だと言うあなたへ

大谷句仏は大正時代、芸者に一万円のポチをやったというので有名だった。それでいて「モタイナヤ祖師は紙衣《かみこ》の九十年」（紙衣とは紙でつくった衣服）という句をつくった。句はいいが、一万円のポチを芸者にやる人間のつくる句か。

＊

金閣寺でも法隆寺の金堂でも、みんな坊主が修行するためにあるのじゃない。ただ坊主が遊んで食えるというだけの話じゃ。

＊

東大寺も法隆寺も、その他もろもろの寺は何のために建立されたか。――結果としてはナマクラ坊主を飼うとくために建立したにすぎぬ。してみればこそ金閣寺も延暦寺も、火をつける坊主も出てくるのは当たりまえじゃ。銀閣寺またしかり。

＊

明治初年に法隆寺の五重塔は五十円で売りに出たが、とうとう買手がつかなかった。興福寺の五重塔は三十円で買手《かいて》がついたが、その買手は、下から火をつけて焼いてしもうて、金具だけとろうと言う。――「そんなこと、してもろたら奈良の街が危い」と言うんで、「そんならションベンじゃい」と言うて、今にのこっているんじゃ。

だいたいあんなものは相場が変わるんじゃ。そんな相場の変わるものなんか、どうせ大したことはないんじゃ。――そんなものあってものうてもいいんじゃ。

それより大切なものがある。坐禅こそ大切なんじゃ。

＊

「トウのたった考え」というのがあるな。おとなが、よう子供に言うて聞かせておるが、たいがい「トウのたった考え」を言うておるにすぎぬ。「ええものがええ」と思い「悪いものが悪い」と思うておる。――「トウのたった考え」――菜っ葉でもトウがたつと、食えるものが食えぬようになる。

いつもマアッタラシの目で見なければならぬ。「これは大事なもんで」――何が大事か。何も大事なものなんてありはせん。死んでゆく時にはみんなおいてゆくんじゃ。奈良や京都の文化財たら国宝たら言うても、どうせ、いつかはのうなるんじゃい。――そんなものスッポリ焼けてしもうてもいいんじゃ。

＊

住持とは元来、仏法に住し、仏法を任持してゆくということ、つまり仏法をうけたもってゆくことであった。ところが今の住持ときたら、寺にかじりついて食ってゆくこと——お寺に住し、自分の生活を保持してゆくということだけになってしもうた。

＊

近ごろ京都では、お寺で宿屋やホテルをしているのがある。人間というものは妙なもので、食うことと金儲けより考えられぬ奴があるな。

＊

金をためねばならぬような坊さんは不徳であることは言うまでもない。昔、武田信玄の時は「城は人なり」と言うて、人民を大切にして城を築かなかったが、隣国からおかされることはなかった。勝頼の代には立派な城を築いたが、かえって家康から亡ぼされてしもうた。坊主が金をためねばならぬようになったら、それだけ欠点がわが身のうちにあるからじゃ。

＊

坊主は金のないのが自慢である。——良寛さんが死んだ時、金をためておったというウワサがある。それに対して「そんなことはない。死んだ時の帳面にも、これこの通り」と言う人がある——

これは良寛さんを庇《かば》った言葉である。してみればやはり坊主に金のあるのは恥なんじゃ。

＊

良寛さんが亡《な》くなって金を遺《のこ》したかどうか、――やはり何も遺していなかったというのでホッとする。

ところが婆婆の奴《やつ》はそうは思わぬ。そこで出家者と婆婆の考えが正反対であることが、ようわかる。

＊

どんなプロから見ても「見劣りせぬ」のが出家者であらねばならぬ。しかるにブルぶろうとする坊主や寺の嬶《かかあ》のあるのは、これまたどういうわけか。

＊

今の坊さんのは出家ではない。ワラ小屋から瓦小屋に家移りするだけだ。菓子屋の息子が火葬場のオッチャンに商売替えするのと同じじゃ。

＊

お授戒の戒師さんにでもなると、いちいちお袈裟を着かえるので「坊さんと芸者とあんまり違わんですな」と言うた人がある。いやウッカリすると坊主自身すっかりそのつもりになってしまっておる。

＊

人間は拾うのが好きである。落ちておらねば盗んでも、引ったくってでもかき集めよる。——じつはすべてを捨ててみなければ霞がかかっておって、真の実相の晴れやかなところはわからない。

＊

出家とは「大なる放棄」である。グループ呆けの放棄じゃ、——今の坊主は拾うておるからダメなんじゃ。

＊

猫でもうまいもの食わしておけば鼠をとらぬようになる。犬でもあんまりかわいがられた奴は番もせぬ。人間だって金もってヌクヌクしておれば働きもできぬようになる。

＊

徳川三百年、徳川政策は坊主を飽食暖衣させて飼いならしてきたので、イノシシがブタになったみたいに、すっかり骨抜きになり、牙もなければ爪もないようなものができあがってしまった。

＊

徳川時代、仏教者はまったく徳川政策の手先となって満足し、自ら宗教者という感覚がなかったのが、こんにち仏法の衰亡する原因となった。

＊

徳川時代の仏教は、宗教に似た役人であったから、明治の廃仏毀釈《はいぶつきしやく》に遭うて仏教がいっぺんにダメになったのである。

＊

今の坊主が坊主の服装を恥ずかしがるのは、明治のころの廃仏毀釈に敗けてヒガンデいる姿だ。——そんなヒガンダ姿を、世間の人もバカにしておる。

＊

今の坊主は敗け戦さしておる。ナギナタをさかさまに持って、ヒョロヒョロと逃げてゆく姿じゃ。落武者や鳴子の音も身にこたえ

＊

「勝ってかえれば勇ましく、敗けてかえればバカラシイ」

＊

今の坊さんは坊さんであることを卑下しとる。なるたけ坊主と思われたくないと思うてコロモやケサさえも、商売以外の時にはつけない。——だが坊主以外には食えん。——そこに往復のナヤミがある。

カトリックの神父さんは法衣をいつも着ている。これを着ることに誇りをもっているので、これ

また是か非か。

＊

商売でなく坊主をしているということは容易ではない。ふつう坊主は商売とどこでやらツギメなしになっておるが、商売としたら坊主ぐらいバカバカしいことはない。人間は本来のネライに向かって勇敢に進まねばならぬ。仏教者としての人生観をハッキリしておかねばならぬ。

＊

社会はみな日々試験しておる。それを一生落第せんようにしなくてはならぬ。それが第一「度衆生の心」じゃ。

一度でもムカッ腹たてれば衆生はよりつかぬ。一度でも欲深おこせば衆生ははなれる。その点、社会意識というものが、よおく頭に入っておらねばならぬ。

24　坊さんは気楽な商売と言うあなたへ

坊主が引導まちがえると亡者が出てくるというのならおもしろいのだが、坊主が引導をまちがえても亡者が出てこんもんじゃから、坊主の生活が宙に浮いてくる。

＊

坊さんが引導やっているのは、どういうつもりでやっているのか。空鉄砲を映画にとって、それをまた写真にとったもののような気がするな。

＊

ラジオでもテレビでも機械をまちがえて装置すれば、聞こえず、見えずであろうが、それにくらべると坊主というものは、あまりにもザットしすぎておる。お袈裟《けさ》のかけ方もメチャメチャなら、坐禅の仕方も托鉢の仕方も知らぬ坊主ばかりなのじゃから。

＊

坊主は何でも仏法をトナエゴトで済ましてしまうし、在家の人も、坊主にトナエさせておいて、ナンゾになるかと思うている。しかしオボエゴト、トナエゴトで世渡りしようというのからして仏法であるわけがない。

＊

坊主がよう経よみ先の婆さんなどを「あそこの婆さんはわしに帰依しておる」などと言いおる。――「ザッと言うな。アホのくせに黙っとれ」

＊

今の坊さんたちは、坐禅どころでないと言いおる。――沢木さんの話なんかウイテイルと言う。

＊

仏教は共産主義から見ても、デモクラシーから見ても、見あきのせんものをもっているはずであり、また共産主義、デモクラシーの欠けているところを導いてやるだけのものをもっておらねばならぬはずである。――ただ仏教者のツクリモノだけが、それを邪魔しよる。

＊

坊さんがよく「今後の仏教はいったいどうなりますか」と聞いてくる。しかし仏法がお粗末だとだれが言うたか。釈迦や達磨が阿呆じゃとだれが言うたか。坊主が無道心でばかだというだけじゃ。――しかしそうも言えんから、あべこべに聞いてみる。「きみの細君や子供は、君の信者か、どうか」

＊

禅僧とは、仏道を中心にして生活の自由をもつ人である。

＊

真の出家とは絶対染汚することのない本当の自己を知ることである。宇宙いっぱいに生きる自己の生活を創造することである。

＊

インドからくっついてきたもろもろのツクリモノ、シナからくっついてきたもろもろのツクリモノ――そういうツクリモノを一切ぶちこわして、仏法の中味を現ナマでやるのが禅者の生活でなければならぬ。

＊

宗教家にはいつのヒマやら見物人があらわれる。見物人があらわれると、もはや違ってくる。宗教家に見物人があると、もはや劇になってしまう――では「見物人なし。自己の問題だけ」と言うと、こんどは小乗にあやまられる。

＊

苦行は刺激を求めることでしかない。昔の坊さんもだいたいは、この刺激を求める方か、あるいはナマクラかだけでしかない。宗教とはそんなものであるはずはない。

＊

「わしは独身でいるぞ」――人間のお化粧にもいろいろある。

＊

一切、手品はいらぬ。うっかりすると宗教家は手品つかいになる。

＊

「直下第二人なし」とは、「見物人なし」ということっちゃ。見物人があると、いつのヒマやら売りものになってしまう。――売りものでないのが三昧である。

＊

坊主という奴、ひょっとウッカリすると、芝居になってしまう。しかもたいがいは大根役者の乞食芝居だ。――昔は芸のうまい千両役者もおったが、今はめったに千両役者もおらぬ。たとえ千両役者でも、役者は役者だ。

＊

今の坊主のエラサは芝居がかりのエラサでしかない。

＊

無上菩提を見失うと、かならず凡夫の技量の背比べになってしまう。ただ無上菩提を信ずるのみ。凡夫の技量にだまされてはならぬ。

＊

われわれエラクないのはわかっているが、宗教の世界ではいわゆるエライという人が、エラクないのだということが、よくわかっておらねばならぬ。

＊

だれでも何によって動かされておるか？

――よう目クソをとって考えてみなければならぬ。何やしらん、いつのヒマやら見世物根性をもって、それぱっかり気にしておるやないか。――唯独自明了《ゆいどくじみょうりょう》、余人所不見《よにんしょふけん》（ただ自己ひとりのみ明らかに知って、他人のうかがい知ることのできぬこと――『法華経』法師功徳品）――見物人を前においておるなら、仏法という宗教にはならない。

＊

「へえ。ええことをしようと思いまして」などと言ってくる奴がある。「よう、あんた、ええことってどんなことか知っとるな」――要するにグループ呆けして、人がほめるようなことを「ええこと」だと思っておるんじゃろ。

＊

今の坊さん、「社会事業をしなければ」と、金持ちから金をもろうて、貧乏人にやるようなカオして――これは仏法とは何の関係もない。

仏法はただ自分でやるよりほかはない。

＊

組織をつくったらもはや宗教ではなく、事業になってしまっている。

＊

「善いことをする」という「悪いこと」もある。自分を飾るために善いことをする奴もあるんじゃから。

＊

宗旨のためと、商売拡張と、どこやらでまちごうてしまう。

＊

本山あたり雲水をたくさん集めて太《ふと》う短《みじ》こう『証道歌』の半分ぐらいを早くよんでやると、参詣者はハッとする。ありがたいのはどんなことか知らんが、とにかくハッとする。雲水は資格とりのために集まり、本山はそうした雲水を集めて商売する。中国でも同じく寺が商売しておる。ただ商売を商売とも知らんと商売しているだけじゃ。

＊

今ごろの仏法がおとろえたというのは、修行がおとろえたのである。「修行がサトリじゃ」ということが、どうしても腹へ入らんでいる。

＊

日本の仏教がなぜ値うちがないか。法財だけは日本に一番あるのだが、「行」だけがないのだ。「行」がないところには仏法はない。仏法の因があっても、修行の縁がなければ、仏法に働きがない。

＊

タイ、ミャンマー、スリランカ、中国などの仏教が戒律厳重だと言うたって、仏法の中味がないのは、日本の仏教と同じじゃ。ただ習慣の相違だけで、「小乗の習慣」なのである。

Ⅳ

25　教養のためにちょっと仏教をと言うあなたへ

傍観者の観念遊戯――それを戯論《けろん》という。傍観者の観念遊戯ではダメじゃ。全身全霊《ぜんれい》をもって飛びこまにゃ。

＊

死んで考えねば仏法にならぬ。ナマ殺《ごろ》しで考えていてはダメじゃ。

＊

仏法は見物もんではいかぬ。自分のことでなければ――。

＊

宗教とは外の世界をつくりかえるのではない。こちらの目、耳、見方、頭をつくりかえるのである。

＊

仏法は学課ではない。「自分の身体をどうするか」である。――人間の身体は大変便利にできている。この便利な身体をいったい何につかっているか。……たいてい煩悩の奴隷につかっている。この煩悩の奴隷でないつかい方をするのが仏法である。——身心のおさめ方である。

＊

仏法というものは理念ではない。「自分というものの扱い」が問題である。

＊

仏道とは、「絶対」を実修、実行《じつぎょう》するものである。

＊

無《む》所得《しょとく》の常精進《じょうしょうじん》ということが仏法である。無所得の常精進とは、「どうせねばなりませんか」と聞くような、キマッタことではない。

しかしせねばならぬことはせねばならず、してならぬことはしてならん。出すべき時は首でも出し、出してならん時には舌も出してはならん。

修行はものによらぬ。働くところにある。

＊

唯仏与仏《ゆいぶつよぶつ》、乃能究尽《ないのうぐうじん》（『法華経』方便品）

猫でなければ猫の気持ちはわからない。仏でなければ仏法はわからない。仏法を行ずればこそ仏である。仏法を行ぜずして「仏を想像する」から仏法にはならぬ。

＊

宗教というものが概念としてカタマッテしまってはダメだ。宗教は生命であり、生命が躍動しておらねばならぬ。

南無妙法蓮華経より言えぬというのでは困る。縦横無尽、自由自在に、生命が躍動するのでなければならぬ。ミイラ、干物になっては困る。

＊

世間の人は仏道修行とは、修行をつんでランプの火をほそめるようにだんだん煩悩をほそめていって、最後にパッと消すぐらいに思うておる。そうじゃない。大乗の修行は、「おのれいまだわたらざるさきに、一切衆生をわたさんと発願し、いとなむなり」（『正法眼蔵』発菩提心）であって、そのため「煩悩をわざわざとどめて生《しょう》をうるおす」――いかにも人間的であらねばならない。根っから単調で曲線のないようなのはダメじゃ。

＊

宗教として大切なことは、われわれ自身の生き方ということでなくてはならぬ。

＊

人生観と関係のない宗教なんかペケだ。

＊

仏法は昔話ではない。「むかしむかし、おじいさんとおばあさんがあったげな」――そんな「げな話」ではない。仏法はどこまでも「自己の問題」でなければならぬ。自己をはなれ、今をはなれて、仏法はない。

仏法は見物するものではない。

＊

仏法は遠方にあるものではない。歴史上にあるものではない。――自己にあるのである。

＊

ヨコのつながり、タテのつながり――こんなツナガリがあるのは、みんな仏法ではない。こんなつながりはもともと絶対としてあるものではない。それをあると思うてアテにするのが凡情じゃ。見てみい、たとえ恋人を抱きしめておっても、その恋人を死なすやないか。いくら長者さんでも倒れる時には倒れる。金持ちが貧乏になったら、もともと貧乏人が貧乏しておるよりつらかろう。年寄りは昔をなつかしんで昔ばなしばかりやりおる。それで若い者からばかにされる。では若い者はどうかと言えば「今にみていろ」と言う。それで今やっていることが、一時の腰掛けとなってしまう。

人間はこんなタテ、ヨコのつながりで、泣いたり笑ったり怒ったり悲しんだり苦しんだりしておるばかりじゃ。流転とは、こんなヨコやタテの連絡をアテにし、今をおろそかにしてしまっている生活のこっちゃ。ヨコ、タテの連絡で「ありゃこりゃ」するところを書くのが文芸というもので――だから、そんなものがなんにもない道元禅師などは、小説のタネにはならぬ。

こんなヨコ、タテのつながりは、すべて世間というもので、――こんな「ヨコやタテのつながりのない、今ぎり、ここぎり」が坐禅である。そして「ヨコ、タテのつながりなし」が諸法実相と決まっているのである。

＊

この世の中では大きいか小さいか――めいめい勝手なモノサシで測って言うから大騒ぎとなる。仏教では大小広狭無礙自在《こうきょうむげじざい》という。――モノサシをもって大きい、小さいを言うのではない。

＊

仏教は無量無辺、――それゆえ、もし無量無辺を度外視して仏教を知ろうとしたら全然ダメである。

26 仏法のありがたい話を聞くのが好きなあなたへ

よう「沢木さんの話を聞いても、ちっともアリガタクナイ」と言う。そりゃそうじゃ。わし自身アリガタクナイのじゃから。――ナントモナイところへ誘いこもうというのが仏法じゃ。

＊

「沢木さんの話を聞いていると、信がさめる」と言う。もっと信をさましてやろうと思っているのだ。どうせそんなのは迷信でしかないのだから。

「沢木さんの話を聞いても信はおこらぬ」と言う。迷信がおこらんだけの話じゃ。

＊

ババンチ（婆んち）が「ありがたい」と言うのがおかしゅうてかなわん。なんぞ雀の涙ぐらいの効能功徳でもあると、すぐ「ありがたい」と言いおる。「ありがたい」というのが第一まちがいじゃ。自分を標準にして「ありがたい」と言うのじゃから。――仏をアテにして、なんぞウマイことしようと思うておる。

どのお経を見ても「道のために身命を捨てる」話がたくさん出ておる。ところがややもすると世間では、仏さんに病気をなおしてもろうたり、金儲《もう》けさしてもろうたりすることを祈るのが宗教だと思うておる。

＊

どれだけ善いことをしても人間のすることなら悪い。人に物をやれば「ヤッタ、ヤッタ」と忘れられぬ。修行すれば「修行した。修行した」、善いことをすれば「善いことをした。善いことをした」と忘れられぬ。

＊

では悪いことをなすべきか、――善いことをしてすら、悪い。悪いことをすれば、なおさら悪い。

＊

「汝つつしんで、善をなすことなかれ」――善いことをした奴は、善いことをしたと思うから、悪いことをした奴より悪い。悪いことをする奴はカワイラシイぞ。内緒で小さくなっているから。「では悪をなすべきか」――「善すらなおなすべからず。いわんや悪においておや」

＊

自分で善いことをすると、人の悪いことに目がついて腹がたつ。自分で悪いことをすると、尻こそばゆいからソロッとしておる。――人間は金勘定ばかりでなくすべてに打算的だから、その辺、万事割引したり割増したりする。それは身心脱落しておらんからじゃ。身心脱落して、はじめて経済が通用せぬ。

無量無辺とつづきなのを身心脱落という。

＊

立派なことを言う奴のことを「あれは粥飯《しゅくはん》の熱気だ」と言うことがある。栄養が足ってエラソウなことが言えるという意味じゃ。

＊

けんかと色と欲と嘘だけなのが、人間というものである。

＊

すべて血の通うた人間で考えると間違う。

＊

柳は緑、花は紅《くれない》――アタリマエというのが仏法である。ところが人間は、それのうえによけいなモノをかぶせる――いいとか、悪いとか、得とか損とか。

＊

何もなしの坐禅より――よう何かフシをつけて、御詠歌でもうたうと、なにかアリガタキに似た感情がおこる。

＊

いつの間にやら、人間の幸不幸、好き嫌い、よしあしに戻ってしまう。

＊

善いことをし、悪いことをするな。——これは確かにそうであるにしても、なにが善であり、なにが悪であるかは決まっていない。——善悪もだんだんあるのである。

＊

坐禅は善も悪もこえたものである。修身の話ではない。共産主義も資本主義もみんなヤンダところに坐禅はある。

＊

空とか無とかが、「存在」しておれば、もはや空でも無でもない。空観ということさえないのが空観なんじゃ。

＊

病がなければ身を忘れる。わしらも足が達者なあいだは走っても歩いても足を忘れていた。足がこのごろのように偉大な存在に思えてきたのは、足が病になっているからである。健康なればみずから健康たることも忘れて働いておる。

——何か気になるのは、トガである。心法生ぜざればナントモナイ。

＊

仏教はあらゆる約束、あらゆる言葉にかかわらぬ解脱を言わねばならぬ。唯仏与仏《ゆいぶつよぶつ》の内緒話である。ワカッタもの同士でなければわからぬのである。

27　本当の自己を純粋に問うあなたへ

自分というものは自分をもちこたえてゆくことはできない。自分が自分を断念した時かえって宇宙とつづきの自分のみとなる。

＊

私一人が思いついた自分でない自分こそ、真実の自分なんじゃ。

＊

メイメイ持ちがなくなったところを、諸法実相とも言い、悉有仏性《しつうぶつしょう》とも言う。

＊

尽十方界自己光明――

おれとは尽十方である。おれとは、がまぐちの中をセセクッテいるような小さなものではない。

＊

「この身は尽十方界なり」――ここまで自信をもっていないとシッポが出るぞ。ヤキモチやいたり調子づいたりシッポが出るぞ。

＊

思うても思わいでも尽十方界である自己を信ずるのが信心というものである。この信心だけが、絶対くたびれることのない精進でもある。

＊

仏道は自己の仏性を信ずることである。

＊

われわれみずから、知っても知らいでも、仏性をもっている。つまり諸法実相をもっておる。

＊

実相は始末がついている。

迷う張り合いがない。

＊

ちっとも「ユガメラレテいない自分」、ちっとも「呆《ぼ》けさせられていない自分」を学ぶことが仏道というものである。

＊

われわれの生まれてから後におぼえたものを捨てさえすればよい。

身心脱落と言うたって、ただ「おれがおれが」ということを捨てるだけじゃ。

＊

「無常を観ずることを菩提心《ぼだいしん》と名づく」と『学道用心集』にはある。ところでまた「菩提とは、如実《にょじつ》に自心を知る」ことじゃと、『大日経《だいにちきょう》』には言うておる。つまり「無常を観ずる」ことが、何より「実のごとく自心を知る」ことじゃ。

＊

無我とは、阿呆ということではない。宇宙いっぱいということである。

＊

無我を裏返して言えば諸法実相である。

＊

無我、無心と言うても、べつにボーッと意識がなくなるということではない。
無心とは必然に反抗せぬことである。つまり宇宙とのつづきに服従することだ。
宇宙とのつづきで働くことである。

＊

生命は時間の中にあるのか？――そうではなく生命の中に時間があるのではないか。それゆえ学人の修行だけにしか生命はない。

＊

われわれは自己でありながら宇宙いっぱいであり、宇宙いっぱいでありながら自己である。――唯有《ゆいう》一乗法《いちじょうほう》、無二《むに》亦無《やくむ》三《さん》（『法華経』方便品）というのはそのことである。

＊

一滴の水が大海に入り、一塵が大地に埋まる時、一滴の水はもはや大海であり、一塵はもはや大地である。

＊

宗教の理念が最高潮までいった時、「天地いっぱいの自己」という仏教までゆくのである。

＊

一切のものが自分の内容である。ゆえに他人のおもわくも考えて行動せねばならぬ。

＊

仏道は社会意識ももりこんでおらねばならぬ。仏法と人間のおもわくとをニラミ合わせるのが真俗二諦《たい》だ。いわんや仏にとって、迷いの衆生はお得意さんなのだから、ここにデリケートな仏法の活躍がなければならぬ。

＊

すべて物を用うるに後人を思うは、社会に報ずるゆえんである。

＊

有心だと文句を言う。無心だと親切心がない。——有心でもいかぬ。無心でもいかぬ。むずかしいもんじゃ。——そこが不思量底の思量であり、この有心、無心をそっくり入れてしまうのが非思量という大きなものである。

＊

非思量とは自分の目《め》の子算用ではないということである。

＊

空劫以前とは、モノの名のつかない昔ということで、まとまった答えがあるはずがない。

＊

ほんとの仏は寸法のとれぬものである。

＊

仏の格好に固定したものはない。だから寸法がとれぬ。

＊

アミダさんと言うと、アミダさんという動物があるのかと思う。そうではない。アミダとは無量寿、無量光――つまり無限ということである。

＊

仏教とはいったい何かと言えば、「仏道をならふといふは自己をならふなり」（『正法眼蔵』現成公案）であり、「実のごとく自心を知ること（如実知自心）」（『大日経』）である。――だから何のために行脚《あんぎゃ》修行するかと言えば、結局自分を探しに旅にでるのでなければならぬ。

ところが修行者はウッカリすると一生何のために、何を求めているのかさえわからず、ただウロウロ幽霊で終わってしまう。

＊

無自性、無所得を求めるために、草鞋《わらじ》ばきでマメをできらかして歩きまわって修行する。――ところが修行は外ではない。回向返照《えこうへんしょう》である。自己の内面である。

安楽の法門というが、この安楽は世俗の安楽ではない。世俗の安楽をすべてやめたのが真の安楽である。

＊

仏法とは遠方にあるのでもなければ、もらいものでもない。自己を明《あき》らめるのである。

28　世界最高の思想こそ仏教だと言うあなたへ

思想とは「すべて出来上がったうえでの話」でしかない。仏法とは「すべて出来上がる以前」のことである。

＊

宗教は思想ではない。修行するものである。

＊

宗教の行とはモノつまり実物である。功能書ではない。

＊

科学者の実験――それがわれわれの場合では修行である。実験のない科学がツマラヌように、修行のない仏教はツマラヌ。

＊

仏法をウスボンヤリさせてはならぬ。

＊

ややもすると、仏法を、実物と関係のない缶詰めにして持っていようとする。

＊

口も説明も文章も、いずれもバカなものである。それよりも「顔の勾配《こうばい》」がさきにモノをいう。

＊

仏法は書物ではない。経蔵にいくらお経が積んであっても、人間がのうては何にもならぬ。人間と人間でなければならぬということは、「仏法が行である」ということだ。

＊

概念の中味は時々刻々に変わる。固定したものは何もない。だから『般若心経』には、無眼耳鼻舌身意とあり、五蘊皆空《ごうんかいくう》とある。また見渡すかぎり一切のものは、一つとして同じものはない。どの人の顔も違うように一切別々じゃ。

＊

色即是空《しきそくぜくう》、空即是色と——言葉で言えばすでに順序がつき、言うている間に片方がおくれる。実物は同時じゃ。実物とは行である。

＊

実物さえあれば言葉は自由自在に表現できる。しかし言葉は実物ではない。言葉の中に実物があるなら、「火、火」と言うたら舌は火傷し、「酒、酒」と言うたら酔っぱらうじゃろうが、しかしそうはゆかんじゃないか。

＊

事実があれば言葉はいらぬ。実《み》のない言葉は戯論《けろん》である。中味さえあれば言葉は自由であり言わいでもいい。

＊

実物のないものは、何と言うてもダメである。理屈をどう言うてもダメじゃ。言葉は言葉だけのものである。

わしは西田幾多郎の本もよう読んだが、「ただ新しい言葉を発見するだけなんだな」と思った。

＊

平言葉《ひらことば》で言えぬ奴は、学問がこなれておらぬからじゃ。

＊

世界中の思想というが、凡夫と凡夫の考えの違いでしかない。どうせ「ともに是れ凡夫なるのみ」じゃ。

＊

仏教学者は、方便説の数を勘定していて、真実はハラに入らないで終わってしまう。

仏教学者は、銭勘定できるようになったのを金持ちになったのと間違えている。

＊

学者とは妙な人間である。三界《さんがい》二十五有《う》などと、立派な表をつくったり、書き物に細筆で書き入れしたり、そこにまた朱筆で書き入れし、そのまたうえにゴフンで書き入れ、立派なものに仕上げてしまうが、それが「自分」のことだということだけは知らんでいる。

＊

インド人はなんでも数をかぞえるのが好きである。なんでもかんでも「それにはイクツある」と言う。鼻をかむのにも「幾種類ある」とか、屁のひり方にも「イクツある」とか。

＊

インドでは宗教と奇術、魔術とチャンポンであるらしい。

＊

羅什《らじゅう》訳の『法華経』がたとえ原始経典より高尚であったとしても、それでいいではないか。問題は仏法をより多くシボリ出すことにあるのだから。仏法は語学でも歴史でもないのだから。

＊

仏教学者たちは、仏教をすべて文献とこころえて「自分」のこととは考えておらぬ。

＊

すべて受け入れ態勢で大変な違いがあることをよく心得ておく必要がある。戒ひとつでも、経ひとつでも、思想ひとつでも、文化ひとつでも。——人間の生命とはそうしたものである。

＊

行なしで仏教を説くなら、仏教の経典ほどウソのものはない。しかし行を象徴的に説くのが経典だとしたら、これほど幽邃《ゆうすい》な芸術はない。

＊

教外別伝《きょうげべつでん》、不立文字《ふりゅうもんじ》であって、一切経の中に仏法はない。——では一切経はみんなウソかと言うとそうでない。本当の目から見れば一切経はみな本当なのである。

＊

砂糖は黙っていても甘い。「われは甘いぞよ」とも何とも言わぬ。またわれわれが「砂糖」と口で言うても甘くはない。ナメテみれば甘い。——言葉ではないんじゃ。

しかし言葉はないかと言えばそうではない。「ちょっと砂糖もってこい」と言えば砂糖をもってくる。まさか百姓小屋をもってくるはずはない。

仏教は不可言、不可説の法を説《と》くのじゃからむずかしい。つまり言うと無言でものを言う。——わかった、おぼえたのは仏教ではない。

＊

年寄りは経験、経験と言うて、昔のくせをふりまわしおる。どこがどう変わっても、変わりのないものを般若の智慧という。

＊

工夫とは般若の智慧をピカピカにみがきあげることじゃ——考え込むことではない。

＊

二祖慧可《えか》大師《だいし》ははじめ初祖達磨大師のもとにゆかれたが、入室はゆるされぬ。それで窓外に立ったまま——時に臘月九日で、その夜大いに雪ふり、この雪中に立って夜の明くるをまったが、「積雪腰をうずみ、寒気骨に徹る」とあるな。達磨大師は「なんじ軽心、慢心をもって、みだりに真乗を冀《こいねが》うべけんや」と言うてかえりみられぬ。積雪腰をうずみ、寒気骨に徹る中、道を求められるのじゃから、軽心、慢心でもなかろうが——。

時に慧可みかずらの左臂《ひじ》を断じて、達磨大師にしめしたところ、「諸仏最初に道を求むるに、法のために形を忘る。汝いま臂をわがまえに断つ。求むることまた可なることあり」と言うて、はじめて入室をゆるされたという。（『景徳伝燈録』三・菩提達磨章）

この二祖大師が断臂《だんぴ》のとき、出血したろうが、手当てしてからその問答があったのだろうかどうかなどと考えると、ギコチなくなってしまう。

29　信心深いとおだてられているあなたへ

一種の陶酔というものを信心と、よう間違うんじゃ。アリガタキに似た陶酔、妄想というものがある。——いやそんなすべての陶酔がさめ切ったところが信心なんじゃ。

＊

世間では「信心」というと、仏さんにオベッカ言うことぐらいに思うておる。——「ほかの者はどうなってもようございますが、私だけはどうぞ極楽の特等席へ」——そんなこと願うのは信心ではない。

「信」とは「澄浄」の義であり、「心」とは三界唯一心である。つまり三界唯一心の「心」に澄み浄くなること、「実のごとく自心を知る」ことが「信心」というものである。

＊

信とは「澄み浄き」ということである。ノボセの下がったことである。それをノボセ上がることを信だと思って、一所懸命ノボセ上がろうとするが、なかなかノボセられぬ。そこでノボセタ真似している奴さえいる。

＊

昔の人は臨終の時、阿弥陀さまのご来迎にむかえられることを大変ありがたがっているが、そんなこと、狐につままれたのと一緒や。

＊

極楽へ行くというが、じつはだれも極楽を見たものはない。もし見たことがあるなら、妄想であることは間違いない。

＊

長生きさえすればいいと思うておるテアイがあるな。そして宗教なら何でもいい。信心なら、何の信心でもいいと思っている、ザッとしたテアイがある。

＊

新興宗教もドエライ容積でやらかすようになると、世間ではなんぞ正しい宗教であるかのように思ってくる。

＊

宗教は数が多いからいいのではない。多いのがいいなら凡夫の数が一番多い。いやそれよりもバイキンの数がもっと多いじゃろ。

「信仰」とか「悟り」とかいうナマエのついた「迷い」は、その辺にいくらでもある。

＊

凡夫《ぼんぷ》根性のコワバリをよくもみほぐすこと。信心とは「澄み浄き」ということで、そういう波風がしずまることである。

＊

信心とは身体健全、商売繁盛、家運隆盛、子孫繁栄を願うことではない。信とは澄浄の義で、つまり言うたら、澄みきよく、濁《にご》りのやんだこと、ノボセの下がったことである。――正気になることじゃ。

＊

信心とはウワサ話ではダメだ。仏もウワサ話ではダメじゃ。現実に今ここでの、おれの問題でなければ信心とは言われぬ。「いずれまたそのうちに」という問題ではない。本当に、今ここで自分が仏身を見、仏説《ぶっせつ》を聞いているかどうかだ。

＊

道というものは「人に聞くもの」でなく「自己に立ち帰る」ことである。だからもし阿弥陀を向こう側においてナンマイダブ、ナンマイダブと言えば、阿弥陀はいよいよ西へゆき、自分はいよいよよ東へ退き、離れていってしまう。

＊

念仏者でも仏さんにマイスこく(ご機嫌とりする)ようなつもりで信心しておる奴がある。坐禅もサトルためのものだと思うておる奴もおる。いずれにしてもメイメイ持ちのオレのためなら仏法にはならない。

＊

メイメイ持ちの話ならナンデモナイ。宇宙いっぱいが問題である。メイメイ持ちなら、どんなサトリをひらこうがエラクなろうが、よいことをしようが、みんな迷いの一環である。南無とは「メイメイ持ちでないところに帰命《きみょう》」することである。

＊

能所があれば仏法ではない。

＊

仏法というのは、仏とも言わぬのが仏法である。

30 正法眼蔵《しょうほうげんぞう》は難しいと言うあなたへ

人間の考えで仏法を見るから百八十度まちがってしまう。

＊

道元禅師の宗風は、けっして人間以上のことをのぞまない。空想がなくなり、奇跡がなくアタリマエになることである。仏教そのものが、いっさい奇跡をのぞまずアタリマエになることである。一見、奇跡に見えるような文が経文に書かれてあっても——たとえば「眉間の白毫《びゃくごう》、三千大千世界を照らす」などとあっても、それは王三昧《おうざんまい》の象徴としての文芸である。

＊

不染汚《ふぜんな》の参究こそ道元禅師の一生である。

＊

今どきでも弘法大師を知っていても、道元禅師を知らぬものがある。弘法大師にはいつでも何ぞ霊験《れいげん》がついておる。越後からようマタタビの実を送ってくるが、弘法大師が旅にたおれていたところ、そこにある木の実を食うたら元気になって、また旅に出られたので、マタタビと名づけられたという能書がついておる。すべて弘法大師のすることには霊験がついているので、だれにでも印象がある。ところが道元禅師にはちっとも霊験がない。「ただ坐れ。——祇管打坐《しかんたざ》」それでは印象がない。

しかし凡夫の霊験、功利的なのは仏法であるはずはない。仏法は無辺で、凡夫のワカルものではない。

＊

本尊は行仏。教理は非思量《ひしりょう》——これが道元禅師の宗旨である。

＊

迷悟の音沙汰の絶えたところを非思量という。

＊

思量箇不思量底《しりょうこふしりょうてい》——言葉でも心でもないところ。死んで考えるこっちゃ。

＊

「仏道をならふといふは自己をならふなり。自己をならふといふは自己をわするるなり。自己をわするるといふは、万法に証せらるるなり」（『正法眼蔵』現成公案）。自分も他人も成仏することである。

＊

道元禅師の一つの魅力は、「仏法を自己として見ておって、凡夫のお伽噺《とぎばなし》を仏教だとは思っておらぬ」ことじゃ。たとえば一仏乗であって、アミダさんとおシャカさんと別ものとは思うていない。また坐禅することがそのまま仏法興隆とこころえて、堂塔伽藍の建立造築などを仏法興隆とはせぬ。そして道元禅師の坐禅はまったく透明なる坐禅であって、なんにも凡夫の役にはたたぬ。「自身のためを念じて仏法を修すべからず。名利《みょうり》のために仏法を修すべからず。果報を得んがために仏法を修すべからず。霊験を得んがために仏法を修すべからず。ただ仏法のために仏法を修する」（『学道用心集』）という仏法である。

＊

道元禅師は空手還郷《くうしゅげんきょう》――テブラコで戻られた。サトリというようなイレズミみたいなものを持って帰ったのと違う。「坐禅してサトル」――そういうアザトイ、シャチコバッタものを、よくもみほぐすのが空手還郷である。

＊

宗門では、サトリとはもはや久遠の昔からの話である。そこで修行さえすればいい。

＊

「本証を出身すれば、妙修通身におこなはる」（『正法眼蔵』弁道話）

「二千有余年前より釈迦牟尼世尊にサトラシまいらせたるわれら」と道元禅師は言われる。――それをうっかりすると、われわれこれからサトルのかと思う。

＊

証上の修とは、仏とスキマがなくなることじゃ。

＊

修証不二ということは、「修行がさとり」ということである。

＊

飯を食うのは、飯を食い、食い、腹がふくれるじゃろう。修証一如――修行と証果とが一つということは、そういうこっちゃ。

またいっぺんだけ飯を食って腹をふくらませておけば、もう飯を食わんでもいいということはない。毎日一生飯を食わんならん。それと同じく一生修行せねばならんのじゃ。

＊

公案を考えるために煩悩《ぼんのう》もおこらぬというのは、一時煩悩をカタヨセテおくだけにすぎぬ。道元禅師の祇管打坐《しかんたざ》というのは、バラでゆくのである。

＊

仏祖正伝《しょうでん》の坐禅ということは、「私ひとりの思いついたものでない」ということで、伝というても品物が伝わるようなものでない。

＊

「おのれわたらざるさきに他をわたす」とは、おのれをなげ出した無我の極点ということで、おのれと衆生と二面なきことである。

＊

発心《ほっしん》とは自未《じみ》得度《とくど》先度《せんど》他《た》であり、自未得度先度他とは「我と大地有情と同時に成道《じょうどう》。山川草木国土悉《ことごと》くみな成仏」ということが身につくことである。言葉をかえて言えば、わが家にもどることである。

＊

『坐禅用心記』に「坐禅は帰家《きか》穏坐《おんざ》するに似たり」とある。「やれやれ」と家へ帰って、おだやかに坐るのが坐禅である。では坐禅だけがそうかと言うと、そうではなくこの坐禅人が飯を食い、飯を炊くのが、道元禅師の宗旨である。――『典座《てんぞ》教訓』もまったくこの精神からでてくる。

＊

『永平清規《えいへいしんぎ》』はわれわれの手足のカタヅケ方、生活のカタヅケ方の話である。それを学者という奴は「永平清規の中にいい文献があった」などとぬかしおる。

＊

仏法は行儀である。行儀が仏法とならねばならぬ。仏在世にはみな行儀がよかった。道元禅師の宗旨は、安心立命ではなく、安身立命である。

＊

作法の根本は、口ざわり、舌ざわり、鼻ざわり、眼ざわり、耳ざわりにならぬことじゃ。形をよーく調えたものでなけりゃならぬ。坊さんには坊さんらしい態度があるわけである。

＊

宗門《しゅうもん》で食物を食べるのは栄養分を吸収するというだけの意味でない。食等《じきとう》(修行成道として食物を食べること)である。

＊

自分の足のふみつけ場所こそが大切である。

＊

魚が「水を全部泳いでしまった」ということはない。また鳥が「もう空を飛んでしまった」ということもない。しかし魚は水の全部を泳ぎ、鳥は空の全部を飛ぶ。めだかでも、鯨でも水の全体を泳いでおる――容積の問題ではなく、質の問題である。

われわれは手もと足もと三尺の所で働いておるが、しかも尽天尽地に働いているのである。

＊

金翅鳥《こんじちょう》が羽ばたきすると、海の水がひっくりかえってしもうて、海底の竜があらわれる。金翅鳥はそれをついばんで食うのだという。そんな金翅鳥でさえ、空の全体を飛んでしまうのではない。ところが雀が空を飛ぶのでさえも空の全分を飛ぶのである。これを現成公案《げんじょうこうあん》という。きわまりのない空間、きわまりのない時間を、今ここで生きるのである。

＊

仏法は久遠を今、行ずるのである。

＊

「千経万得ありとも一証にしかじ」（『正法眼蔵』伝衣）――仏法とは何より証（実物）である。

＊

辨道《べんどう》の辨の字のまん中の「リ」は力という字であり、つまり辨（弁）道とは「道に力をいたす」ということじゃ。

＊

クリスチャンの人がわしに聞いた。「仏教ほどうそ八百ばかり言う宗教はないと、わたしのとこの牧師さんが言いますけれど、ほんとですか」それでわしは言うてやった。「そりゃそうじゃ。ウマイこと言うね君は」――『法華経』にしろ『華厳経』にしろ『正法眼蔵』にしろ、「行」がなかったらうそ八百だ。坐禅しなければ仏教はみんなうそになる。

＊

「一生の参学の大事ここにをはりぬ」（『正法眼蔵』弁道話）――これはドエライことでもなんでもない。みんなはじめから一生参学の大事ここに終わっておるからじゃ。だれも不足のある人間はない。お釈迦さまでもわたしでも、ちっともかわりはない。

自分はツマンナイと思っているのが一番、ツマンナイ。

＊

道元禅師の言葉によれば、サトッテもサトラナイでも、眼は横、鼻は縦、――人間サトッテもサトラナイでも、大したことはないんじゃ。

＊

道元禅師を未成品と言うたテアイがある。ではその人は既成品か。既成品というのがよいのではなく、でき合いで、一段と低いものである。

＊

如是《にょぜ》――有無不二を如といい、有無にあらざるを是という。有とは有相差別、無とは無相皆空のこと。

＊

どうかすると善悪というものがキマッテあるのかと思う。道元禅師は「善悪は時なり、時は善悪にあらず」（『正法眼蔵』諸悪莫作）と言われる——善悪でないところから出発せねばならぬ。

＊

道元禅師いわく「浮世の危きことを識得すれば、浮世に危きをなさず」

＊

出家に出世ということはない。坊主になって出世をめざす奴は、出家のしぞこないである。道元禅師ほど名利を嫌われた人はない。

＊

世の中の人は「艱難《かんなん》汝を玉にす」ぐらいのことしかわからない。しかし二祖大師は、雪の中に立ち臂《ひじ》を切ってまでして、達磨大師にしたごうたが、それでどんなうまいことをしたか。——結局、最後には法敵に讒《ざん》せられ殺されて。——人間の胸算用ではない。

31　俺《おれ》には仏教の話なんて関係ないと言うあなたへ

刑務所では囚人が、職員たちのことを言うておる、「へん、おいらがいなけりゃ、あいつらおメシの食い上げだい」といばっておる。

それと同じく、われわれ凡夫《ぼんぷ》がおればこそ、諸仏もあるのである。われわれ凡夫がいなくなったら諸仏も免職じゃ。

凡夫と仏と、そのへん別ものではなく、つづいているのである。

＊

ボサツとは覚有情《かくうじょう》――「目指すところは仏」と、こうハッキリ目標の決まった凡夫である。

＊

菩薩とは道を求める凡夫である。

＊

ボサツというのは悟りながら迷ってやるのである。「ワシは悟っている。凡夫は勝手に迷え」というのではない。凡夫と一緒に迷うてやるのじゃから、ボサツ行というのは広大無辺である。

＊

菩提心《ぼだいしん》をおこすというのは「自未得度先度他《じみとくどせんどた》」（おのれいまだ度《わた》らざるさきに、他を度さんとねがうこと）であり、われと一切衆生と別々でないことである。

＊

仏というと、自分とは関係のない遠方のことだと思うから、そこでカラマワリしてしまう。

＊

仏が仏ぎりで向こうにあるなら仏でもなんでもない。衆生と仏とつづいているからこそ仏である。

＊

われのほかに神を見れば神我外道《しんがげどう》となる。神は我でなければならぬ。万物をつくった神がほかにあるなら仏法にはならぬ。

＊

坐禅して仏になるのではない。坐禅するまえから仏だったのである。その仏が怒ったり、泣いたり寝たりしている夢をみているにすぎぬ。

＊

凡夫は業《ごう》にひかれ、この業感からこの世を見、おたがい腐れ合うて生々世々《しょうじようせせ》ひきつづく。これが流転輪廻である。

それで今のこの業のままで、この業を解脱するよりほかはない。この業感のメガネをはずしてみると、釈尊が成道のとき仰せられたように「大地有情同時成道、山川草木悉皆成仏《しっかいじょうぶつ》」なのじゃ。それゆえ釈尊のてまえひとりも迷ってはおらぬ。ところが衆生は自ら迷っていると思うている。そこを自覚させようというのが、釈尊の慈悲であり、仏の教えである。

＊

凡夫はひがんでおるもんじゃから、やれ餓鬼だの、畜生だの、地獄だの——妙なクセがこびりついて、クセだけになってしまっておる。

＊

昔はよう奇跡などということもあったが、今のようなネオンの下では幽霊も出てこぬようになった。かくれ場所がのうなったのじゃね。とにかく今の人間は五色の光明ぐらい簡単につくり出すようになったから。

それでこのごろでは昔の人のいい加減なことを言うておったのが、みな馬脚をあらわすようになった。しかし本当の幽霊化け物は、無始劫来《むしごうらい》からの無明《むみょう》で、煩悩と業のつづきの自分というものがあると思うていることじゃ。——この方はちっとも減ってはおらぬ。

凡夫も仏も同じ形である。悟りも迷いも同じ形である。

＊

成仏からこぼれてしまうようなスキマがないと知ることが一切智である。

＊

寝ていても運ばれてゆく夜汽車かな

＊

三世諸仏は衆生を背負っているから迷いの真ただ中。
一切衆生は三世諸仏に救われておるから悟りの真ただ中。

＊

『法華経』の寿量品では、「われ成仏してよりこのかた、無量百千万億劫《ごう》を経たり」とある。これは何もお釈迦さんばかりがそうなのではない。沢木興道もそうなら、みんながみんな「われ成仏してよりこのかた久遠劫《くおんごう》である」――これを言うのが『法華経』の言い分じゃ。久遠成仏はお釈迦さんの独占ではない。

それで今からサトルために修行するのでもなければ、メイメイ持ちのサトリを追いかけて修行するのでもない。われは本来、久遠実成《くおんじつじょう》の仏であり、坐禅はこの仏の行を行ずるだけである。――だから行仏という。

＊

仏法を行ずる時には仏である。いや仏であればこそ仏法を行ずることができるのだ。

＊

阿弥陀も観音も薬師も文殊《もんじゅ》、普賢《ふげん》もみんなお釈迦さまの内容の表現である。

＊

釈迦というものは、どういうものかと言うと、白紙というより、青空のように透明で、「一切衆生とベタ一面つづき」ということである。

＊

仏法は主観的事実である。それがただ個人的解脱になってしまったのが小乗である。大乗はそうではない。仏とツギ目がなくなると同時に、地獄の衆生ともツギ目なしになることである。

＊

十万億土とは「自分から自分への距離」である。

＊

仏というものは一切衆生と付き合いをせねばならぬ。人が子供を亡くした時にはオーオーと付き合わねばならぬ。「おれはグループ呆けせん」と、付き合いをしないのではダメである。

＊

商人が欲ですることを仏教者は慈悲でする。——世間のことをよく知らねばならぬ。

＊

仏教をなんぞほかのものと違うたものじゃと思うておる。ところがそうではない。「何から何まで」ということが仏法である。「何から何まで我が子」としてみるのが仏法である。

＊

大人が大人になりきってしまっては子供が育たぬ。子供が泣く時には一緒に泣いてやらねばならぬ。

大人であって小人でなければならず、小人であって大人でなければならぬ。仏と凡夫と、仏法と世間と、悟りと迷いと、向上向下と智慧と慈悲と、——よおく往来せねばならぬ。

＊

何も自分が美味《うま》いものを食わんでもいい。また出世せんでもいいが、しかし人の美味いものを食いたがる気持ち、出世したがる気持ちもわからんような阿呆ではダメだ。

＊

いわゆるサトリはナタケズリである。アゲカンナがかかっておらぬ。ただ向上平等のみで、差別向下がない。

＊

老心とは慈悲心であり親心である。しかしそこにはまことに理屈に合わぬものがある。親心とは矛盾に充ち満ちたものである。

勘当じゃ、必ず旅でフグ食うな。

破る子がなくて障子の寒さかな

＊

社会学の根本は、衆生心を自心とすることでなければならぬ。

32 この身このままで仏と言うあなたへ

石川五右衛門が「石川や浜の真砂《まさご》はつきるとも世に盗人のタネはつきまじ」と、盗人根性は天地いっぱいに充ち満ちていることを歌っておるが、しかし五右衛門の真似をして行じないかぎり盗人にはならぬ。

仏性《ぶつしょう》も悉有《しつう》仏性《ぶっしょう》――天地いっぱいに充ち満ちておるが、ホトケの真似をして行じなければホトケにはならぬ。

*

われと仏とぶっつづきの仏行を行ずればこそ仏なので、阿呆行を行ずれば阿呆じゃ。

*

めいめいの自分の生活の態度で仏があらわれる。

*

「即心是仏と言うて、オレが仏だと思えばオレは仏なのだ」などと言う。――そんなバカなことはない。そんな言い分を自然外道《じねんげどう》という。――このマッチの中に火が入っておると言うても、これを擦《す》って火を出すことを知り、事実擦らねば火が出ない。マッチ即火とは言えない。「修せざるにはあらわれず。証せざるには得ることなし」(『正法眼蔵』弁道話)じゃ。修行がさとりなのである。

＊

ここに石油ストーブがあっても、マッチ一本は、はりこまねば暖かくはならぬ。みんな仏性があると言うても、あるだけでは何ともならぬ。仏性に火をつけねばならぬ。

また「風性常住《ふうしょうじょうじゅう》、無処不周《むしょふしゅう》」(『聯燈会要』四)――天地に風性がみちていると言うたって、扇をつかわねば風はおこらぬ。因縁時節寂然照著《いんねんじせつじゃくねんしょうしょ》(刻々の仏性が因果をくらまさず静かで明らかなこと――『宝鏡三昧』)じゃ。

むかし学信上人の所へ、ひとりの信者がきて「わたしは念仏申しとうありませんが、念仏申したくなるまで待っていてはどうでしょうか」――学信上人は「お前のようなナマクラなものが、念仏申したくなるまで待っていたら一生涯、念仏申したくなるようなことはあらへん。念仏申したくとも申したくのうても、申さっしゃれ」

そして歌を一首詠んで与えられた。

心してひけばこそ鳴れ霧深き
　秋の山田にかけし鳴子も

――仏道は行である。

＊

坐禅すればこそ、心仏及衆生是三無差別である。

＊

仏像や仏画がホトケなのではない。仏像や仏画をホトケとするなら偶像崇拝だ。そうではなく、仏教では事々物々の「無相の威儀」がホトケなのである。だから自分の無相の威儀――坐禅や袈裟が仏なのじゃ。祇管《しかん》メシ食い、祇管作務《さむ》、祇管典座《てんぞ》が仏である。

＊

仏法の中に全身心なげこんでしまう。――それが無所得《むしょとく》の常精進《じょうしょうじん》である。

何ものをも求めず、何ものをも逃げない。――それが無所得の常精進である。

＊

仏とは仏行を行ずる人を言うのである。

＊

「行もまた禅、坐もまた禅、語黙動静体安然《ごもくどうじょうたいあんねん》」（一切の生活の働きが禅の世界であり安らかなこと――『証道歌』）――これを仏が言うから真実である。これを凡夫が言うと大変な間違いとなる。

＊

煩悩即菩提、凡夫即仏――「その身そのまま」と言うても、凡夫のその身そのままなら、やはり凡夫じゃ。そうではない。「凡夫が凡夫を忘れた、その身そのまま」が仏だと言うのである。

＊

三界を実相と説くには三界とがなし。三界を火宅という時には、とがのみあり。

＊

仏道の中から見ればこそ仏道なのじゃ。

＊

業感を業感として働かすのではなしに、ホトケさんにもらってもらうのが、仏道の行である。

＊

われわれは仏の時間空間をよく知らねばならぬ。凡夫の見た通り、聞いた通りではない。凡夫のおもわく通りではない。

＊

人間でない方から人間の方を見なおしてみなければ、どうしても本当のことはわからない。

＊

たとえ現実のお釈迦さまを見ても、凡夫が見ればダメである。唯仏与仏――仏眼をもって仏を見るのでなければ。

人間の考える仏は、仏ではない。

＊

仏が「無限」ということは「非定相《ひじょうそう》」という意味である。量の大きさではない。

＊

きわめてものわかりのいい、明るい、とらわれのないのが「ホトケ」である。
それを今の世間ではホトケと言えば縁起の悪い、暗いものとばかり思うておる。

＊

三昧とは自性清浄《じしょうしょうじょう》ということで、凡夫と仏とのつづきの透明なることである。

＊

非思量の中には、凡夫も仏もありはせん。――この非思量を実修実行するのが坐禅である。

＊

わりきれぬものをコソッと入れるのが非思量であり、仏法である。だから仏法は物足りぬものに決まっている。その物足りぬとは凡情が物足りぬのである。

＊

凡夫が仏道を行じ坐禅するのだから、まじり気のあるのは当たりまえじゃ。しかし「飲水《おんすい》の鵞《が》は坐禅淳味《じゅんみ》をとり、花をとる蜂は余香《よこう》を損《そん》せず」(『永平廣録』八)で、凡夫は坐禅を毫《すこし》も傷つけず、坐禅の功徳を円成する。

＊

われわれを凡夫と決めこみ、修身の個条書みたいなもので修養するのを、仏法と思うているから、全然見当外れとなる。仏法の本筋はわれわれみんな仏だということである。さりとて未発菩提心のものが即心是仏であるはずはない。

33　安心をなんとか握りたくて不安なあなたへ

仏法は無量無辺――おまはんのおもわくを物足りさすものであろうわけがない。

＊

握ったら、カギリがある。

＊

ニギッタらどうせ凡夫のものをニギッテいるにすぎぬ。金をニギッテも、健康をニギッテも、地位をニギッテも、サトリをニギッテも、ニギッタら「凡夫の持ちもの」である。

「凡夫の持ちものをはなした」のが仏である。

＊

安心というても個人もちの安楽なら仏法ではない。

＊

仏法とは「無限」ということを説くのである。それは「はかりしれない」がゆえに文句なしにいただくよりほかはない。

＊

仏法は広大無辺。キメテしまったらアタラナイ。鱈《たら》の干物《ひもの》のようなものではない。生きている魚にはキマッタ形はないんじゃ。

＊

いつでも仏法というものは、カギリをつけたらフンヅマリしてしまう。──カギリをつけてはならぬ。いつでも無限である。

＊

南無超越諸法如来《ちょうおつしょほうにょらい》──ひっかかったような顔するな。

＊

易行《いぎょう》というても、「人間こちらがわ」がラクということではない。他力というのも「人間こちらがわでない」ということである。

＊

唯仏与仏《ゆいぶつよぶつ》、乃能究尽《ないのうぐうじん》──ホトケでなければ仏法は受け取れないものである。

＊

安心ぐるめの安心を求めて追いかけるから不安心じゃ。そうじゃない。念々心を離れず──不安心の中に修行してゆくところに大安心がある。この安心と不安心との交錯に大安心があるのじゃ。

＊

安心ぐるめの安心などと言うたら、鋳造された安心でしかない。不安心においてのみ安心がある。

＊

安心とはモノタリヌものがモノタリヌと決まったことである。

「耳の聞こえない人が立ち聞きしてアカナンダと聞きえた心なり」

「命乞いの裸詣りが頓死した心なり」

「捨てても捨ててもついて来おった袖乞《そでご》いの乞食が、いつの間にかゆくえしれぬようになった心なり」

「信心をいただいた化粧部屋がツナミに逢うた心なり」

＊

「これでよい」という世界があるものではない。それなのにどこぞに「これでいい」という世界があるかと思うて、それを求めてウロウロ歩きまわる――ウロウロしたって仕様がないやないか。それじゃ泣き寝入りするか。――そうじゃない。ウロウロしない世界にドッカと坐っておるこっちゃ。

＊

安楽とは追っかけることをやめたこっちゃ。

＊

得処とかサトリとかいうことは、理知的にワカッタということではない。どんなことが来ようが、生きようが死のうが、ガッチリ動かぬことである。

よう安心とは苦しみをなくしてしもうて、楽しみばかりになることじゃと思うておるが、そんなことではない。どんな苦しみが来てもバタバタせず、びくつかぬことである。

安心がない人間の姿が見たければ、ネズミをコブチ(ネズミ取り)に入れてみればいい。バタバタバタバタかけずりまわる。人間はそれを見ながら猫にくれてしまう。猫はよろこんでそれを食うてしまいよる。そうすりゃバタバタしただけは損だということがようわかる。

しずかに坐禅しておりゃいいんじゃ。

＊

安心というものが人間にあろうわけがない。しかしそんな人間をどう扱うかが問題である。この臭皮袋《しゅうひたい》(肉体のこと)をどう取り扱うかが問題である。

＊

仏法という中に、凡夫と仏と、二匹おるのではない。

ご安心というカタマリがあるのではない。

＊

仏法とは行によって得る。身をもって得るのじゃ。つまりあらゆる筋肉のおさめ按配が坐禅相応というのでなければならぬ。坐禅を標準として生活態度を訓練するのが「行」である。

この「行」があって「安心」というものは充実する。あらゆる生活態度が「行」でなければならぬ。

心してひけばこそ鳴れ霧深き
　秋の山田にかけし鳴子も

＊

念仏申して、まだそのうえ極楽へ行こうとする。――そんな余計なことはいらぬ。

「念仏が往生」なのじゃから、それ以上余計なことは考える必要はない。念仏申して、そのうえ極楽行きなどハカラウ必要はない。

＊

徳本上人は「南無阿弥陀仏」と書いて、「申せば、もうそれでよい」と書いてある。

念仏にしても――ご安心をいただいても、いただかなくとも――「ただする」ということが大切である。

34　禅が説く人生の決定的ネライをねらうあなたへ

必ずそうあらねばならぬが、どうあってもいい。
どうなければならぬことはないが、最上最高のあり方でなければならぬ。

＊

千利休が大工に床柱にクギを打たせるために、ああだこうだと言ったあげく、ここという所を決めた。大工はそこをちょいとシルシして一服した後、さてクギを打とうとしたらシルシがわからん。またああでもない、こうでもないと言うたあげく、「ああそこ、そこ」と言った所をよく見たら、ぴたりと前にシルシタ所であった。

クセのついていない無相のまっただ中に、決定的なネライというものはあるものじゃ。人間の顔の勾配《こうばい》にも、決定した勾配というものがある。

＊

神通力とは顔の勾配のピントがはずれないことじゃ。

＊

われわれはいつも迷情のために支配されていて、どうにもならぬと思う。仏法と迷情のひっぱり合いじゃと思うておる。——ところがそうではない。仏法とは、われわれ仏さんとちっとも違わないということで、法とは諸法実相の法じゃ。

＊

われわれ仏法において何をならうかと言えば、この修行の手スジをならうのである。

＊

修行とは、今ここで自分が仏道ではどうしたらいいか——この工夫である。

＊

上下左右をよく見わたして、しっくりした今ここを見失わないこと。

＊

仏仏祖祖の要機、機要とは「急所」ということである。

＊

善も悪も一時かぎりのものである。しかしその時かぎり、永遠の善きことと、永遠の悪しきことがある。

＊

することなすこと尽十方。瞬間の永遠——ただこの工夫である。

＊

何と何との出会いがいいか――ここの工夫である。

＊

「布施する」ということにもネライがなくてはならぬ。泥棒に、カギやピストルを布施してはならぬ。そこには勇気も智慧も働いておらねばならぬ。

＊

諸行無常を学すとは、その瞬間その瞬間、的のはずれないことを学することである。「この場合これでどうか」――いちいち一切生活上の工夫をすることが、無常を学するということである――無常といって、人の死ぬことのみではない。

＊

燃えておる炎と、われわれ人間の形とは、同じように刹那《せつな》刹那違うてゆくのじゃけれども、われわれの肉体は、わりと同じ形が相続しておるように見えるだけじゃ。

＊

本来無一物の中にすべてのものがある。

＊

涅槃とは不《ふ》生《しょう》不《ふ》滅《めつ》ということ。

仏法の根本精神は「個人もちなし」（無我）ということである。

＊

無我とは放心していることではない。大乗の菩薩行とはウッカリしておらぬことだ。

＊

小乗では阿呆がいいのだが、大乗は阿呆を修繕するこっちゃ。

＊

写真だって「あるいは映る」というのではダメじゃ。

＊

仏道修行とは態度を練ることである。

＊

馬のような歩き方をしてはならん。牛のように歩かねばならん。

＊

大乗仏教は「生活態度」の問題である。

＊

茶碗ひとつでも、ガチャンと放りだすのと、最後まで送りとどけるのと。

＊

すべての行儀の根本は、「最後まで送りとどけること」である。暫時もあらざれば死人に如同す。

＊

筋肉のおさまり按配が大切じゃ。スキマのない人間になることじゃ。筋肉のおさまり按配を練ることじゃ。

＊

世界中のあらゆる人から自分が見られて、どう思われるか——よく工夫しなくてはならぬ。金持ちから見たらどうか。貧乏人から見たらどうか。西洋人から見たらどうか。マルクス主義者から見たらどうか。ネール首相から見たらどうか。——あらゆる方角から見て、ハクの剝げないものを持っておらねばならぬ。

＊

ちょっとうっかりすると仏教者がむだなものになってしまう。

＊

仏法とは何をするものか——生活の全分を仏にひきずられてゆくというだけじゃ。

＊

久遠《くおん》の道でなければ真の納得はゆかぬ。久遠の道とは、「無所得《むしょとく》の常精進《じょうしょうじん》」である。

＊

一遍だけ的中すればいいのではない。
去年満点でもダメじゃ。たったいま命中するのでなければならぬ。
あとさきのいらぬところを思うなよ
ただ中ほどの自由自在を
――(雲弘流の口伝)

＊

ただお粥を食べる――この「ただ」には、身分の高低もなければ利口、馬鹿もない。迷悟もない。
――この「ただ」が仏道の極則であるが、この「ただ」だけが世界中の人にわからぬ。

＊

一切衆生は人生観のはき違えで悩んでおる。そこで衆生済度とは、人生観を根本から――絶対不疑の地において考えなおさせることである。絶対不疑の地において人生を観るのを仏の知見という。

＊

仏道とは、もとからキマッテいることを信ずる(澄浄する)だけである。非思量するだけである。

沢木老師を育んだ、その幼少時代の境遇

内山　興正

昭和初期から同四十年まで、禅界の第一人者として活躍され、遷化《せんげ》後すでに二十年をすぎた今日に到ってもなお強烈な印象を世間に残している沢木興道老師その人は、まったく今日では想像もつかぬ貧困と惨澹たる逆境のなかに育まれたのです。

明治十三年、三重県津市新東町にて誕生。

その頃は西南の役が終わったばかりで、まだ明治新政府の基礎さえも固まっていなかった、という時代背景をまず知っておく必要があります。そんな時代で、しかも数え年五歳の時（以下の年齢すべて数え年）母しげ逝去。八歳の時、父惣太郎急逝。それで四人の兄弟姉妹はばらばらに、女中奉公やら、親類の家に預けられたりすることになりました。

沢木老師、幼名才吉は叔父のところにやられたのでしたが、この叔父さんも半年後には急逝。結局、表稼業は提灯屋、じつは博奕《ばくち》打ちを本業とする、一《い》身田《しんでん》町の沢木文吉さんの養子にもらわれ、

そこでとにかく小学校四年(当時小学校は四年まで。老師の就学はおくれたので十三歳で)卒業しました。

この小学校時代すでに養父母のいいつけで、夜博奕場へぼた餅を売りにゆき賭博の実際を見聞きしたり、寄席の下足番にいったり、さらには近処の遊廓で十八歳の遊女を買った五十男が急死し、その翌朝その細君が来て、「死ぬのにもことかいて、こんなところで」と泣いている姿を目撃したり――それこそ幼くしてまったく複雑な世の中の裏を知ったのです。

小学校卒業後間もないころ、やくざ仲間の縄張り争いで七十人ばかりの斬り合う事件がありました。その夜これから遠くへ身をかくすという連中の連絡を、養父文吉さんがとらねばならぬ羽目となりましたが、文吉さんはガタガタふるえ、怖がっていて、とても行けない。それで才吉さんが「よし、わしがゆく」と代わりに、真暗な斬り合い現場のあと、雨までショボショボ降り出した夜中道を三里あるいて連絡をとりました。このことがあって以来、養父文吉さんは恐れをなして、才吉さんの頭をこずかなくなったといいます。

とにかくこのような環境で少年時代を過ごしたわけでしたが、それでもこの沢木さんの家の隣りに森田さんという、落ちぶれて、そんな裏店《うらだな》に棲みついた一家がありました。お父さんの宗七さんは表具屋さん。息子の岩吉さん(号、千秋)は土佐派の訥言《とつげん》風の絵を習っていました。森田さん一家はこんな環境に住まいながら、清らかな生活をしており、こんな一家にこどもの才吉さんは特に魅《ひ》かれて、いつも出入りしつつ、お父さんの宗七さんから十八史略や日本外史、大学、中庸、文選までも教えられたのです。そして同時に「世の中には金や名誉よりも大切なものがある」という一事を知らされました。「これが以後の果実を形成してゆく芯《しん》となった」とは、老師ご自身がいつもいわれておりました。

小学校を出てからは稼業提灯屋に精出しつつ、遊び人の養父母(養母は女郎の古手でした)を養っていましたが、だんだん自分の人生というものに目を開くようになるにつれ、このまま女房や子を持たされてしまっていいのかと、深刻に悩むようになりました。まだ何が何んだかわからないけれど、とにかく「道を求める心」が起こっていたのです。それでついに家出をして、大阪の知人のもとに身を寄せましたが、これは迎えにこられてはたせませんでした。

そこで今度はとても迎えにはこられぬ遠方に逃げねばと、十七歳のとき生米《なまごめ》二升、金二十七銭、小田原提灯一個をもち、この生米を嚙み嚙み、歩いて越前永平寺までゆきました。

永平寺ではそういう家出人は置かないので、もちろん断わられましたが、二昼夜飲まず食わずに「ここで坊主にしてほしい。それが駄目ならここで死なせてくれ」と頼みつづけ、ついに作事部屋《さくじべや》の男衆として置いてもらうことになりました。

その後、永平寺維那《いのう》和尚の自坊である本庄の竜雲寺という寺においてもらっているころ、ある日「今日は休みだ、自由に遊びにいってきなさい」といわれ、こんな時こそと、一部屋に入って坐禅していました。たまたまいつも寺へ手伝いに来ている婆さんがこれを見てびっくりし、仏様より丁寧に拝んだ。ふだん自分をこき使っている婆さんが自分を拝むとはどうしたことか――これによって坐禅という姿の崇高さを知って、自分は一生をかけて坐禅しようと発願されました。沢木老師は晩年、ご自分を、「坐禅、坐禅で一生を棒に振った男」といわれましたが、その生き方はこのようにして決まっていったのです。

その後、縁あって、はるばる九州天草、楠浦村宗心寺までいって、そこの徒弟として、ようやく念願の坊さんになることができました。二十歳のとき、雲水に出て、丹波の円通寺に安居《あんご》しましたが、ここには半月しか居らず、ここから借僧《しゃくそう》としてゆかされた結制《けっせい》先で、笹岡凌雲方丈《りょううんほうじょう》と出逢い、この笹岡方丈に気に入られて、同師のもとにゆき随侍しました。

笹岡凌雲方丈は明治の傑僧、西有穆山《にしありぼくさん》禅師に長年随侍された方で、その人柄は澄み切ったお方であったので、沢木老師は心から傾倒しつつ、この方丈から学道用心集、永平清規《えいへいしんぎ》、坐禅用心記不能語の講義をうけ、これがその後の沢木老師の祇管打坐《しかんたざ》の道の基本となったのでした。

それから兵隊にとられ、日露戦争にも出征し、そこでは金鵄《きんし》勲章を授与される程の勲功を立てて、明治三十九年（二十七歳）に内地凱旋。

戦争から帰って、初めて、遅まきながら一身田町の高田派専門学校に入って仏教教学を学び、さらに大和の法隆寺勧学院にて法隆寺貫首、佐伯定胤僧正《さえきじょういんそうじょう》について唯識《ゆいしき》教学を勉強されました。そして大体の仏教教相の見通しもついたので、大正三年（三十五歳）より大和蘆墉宮《あしがきのみや》あとの成福寺という空き寺に入り、三年間門を閉めて朝から晩まで一人で坐禅し、ここで祇管打坐を身につけられました。

大正五年になって丘宗潭《おかそうたん》老師に引張り出され、肥後大慈寺僧堂の講師として雲水の面倒をみるようになり、丘老師遷化後は熊本市万日山に独居しつつ、しかしこの頃からは各地に招かれて坐禅指導や講演のために東奔西走されるようになりました。

さらに昭和十年（五十六歳）には駒沢大学教授と、大本山総持寺後堂《ごどう》に招かれ、以来沢木老師のすばらしい大活動時代に入ります。大体その当時、禅といえば臨済宗の公案禅ばかりでしたが、沢木老師こそは一途に道元禅師の祇管打坐を純粋に挙揚され、ついに公案禅と並ぶ今日の祇管打坐時代をもたらされたことは、日本仏教史上特に銘記すべきです。

しかしとうとう一生寺に住せず、また自ら筆をもって著述されることもなされませんでしたので、いつの間にか「宿無し興道」の綽名《あだな》でもてはやされるようになりました。しかし昭和三十八年（八十四歳）ついに足が弱られて、これ以上の巡錫《じゅんしゃく》は断念され、京都安泰寺《あんたいじ》に留錫し、昭和四十年（八十六歳、満では八十五歳）遷化されました。

くわしい伝記については以下の沢木老師伝記本をご覧ください。以上は沢木老師のことを何も知らない人のために、沢木老師の風貌の一端を知っていただくために、殊にその一生の生き方を形成する芯、核となった、養父の沢木文吉さん、隣人の森田さん一家、坐禅を志すもととなった竜雲寺の話、笛岡凌雲方丈との出会いなどを中心にして、その一生の片鱗を申上げた次第です。

≪沢木興道老師伝記参考文献≫

酒井得元『禅に生きる沢木興道』誠信書房刊

澤木興道全集　別巻Ⅰ「雲水興道一代記」大法輪閣刊

田中米喜『沢木興道』名著普及会刊

田中忠雄『沢木興道――この古心の人』大法輪閣刊

あとがき

沢木老師の言葉はいつもズバリとしています。こちらの問いかけの深さによって色々に光りながら、つねに不思議なくらい新鮮です。味わいつくせない力が、そこに躍動しています。

それにしても今われわれがそういう言葉にまみえることができるのは、沢木老師のご提唱や日常生活の中から、こうした言葉を的確にキャッチし書き留めておかれた内山老師のお力があればこそです。これらは沢木老師の暖皮肉《だんぴにく》であると同時に、また内山老師の求道の暖皮肉に他なりません。

そしてこれらの言葉にいまいのちを吹き込むのは、われわれ自分自身をおいてないでしょう。一つ一つの言葉を単なる言葉ではなく、自分自身の暖皮肉として、自分自身の生きる力としてどこまでも聞きぬきたいと、私自身願っております。

「―のあなたへ」として纏《まと》めたらというのはフッと閃《ひらめ》いたのですが、あとは沢木老師の圧倒的な言葉の迫力が自分で渦を巻き、三十四に逆巻《さかま》き、それぞれの章題を呼びよせたというのが実感です。

もしこんな体裁を一助にして、沢木老師の言葉にいっそう深く親しんで頂けるとしたら、こんな嬉しいことはありません。
最後にこういう仕事を任せて下さり、さらにご自分は一歩退かれて見守って下さっている本師内山興正老師のお心に、深く感謝する次第です。

昭和六十二年早春

櫛谷　宗則

〔新装版〕
禅に聞け—澤木興道老師の言葉

1988年12月15日　第1刷発行
2018年　1月15日　新装版第2刷発行

編　者　櫛谷宗則
発行人　石原大道
印刷・製本　三協美術印刷株式会社
装　幀　山本太郎
発行所　有限会社　大法輪閣
東京都渋谷区東2-5-36　大泉ビル2F
TEL　(03) 5466-1401(代表)
振替　00160-9-487196番

ISBN978-4-8046-1369-7　C0015